U0084816

尼采 Nietzsche
哲學經典名言

林郁 主編

前言

　　尼采的超人哲學，是他理想中的人類原型，他的一生
幾乎都是為了超越自己而奮戰！因此，閱讀尼采每每可以
感受到實存主義的強烈生命力。於是，本書編者採行比較
深入淺出的方法，引導讀者進入尼采豐富多樣的世界，所
以它也可說是一本了解尼采哲學的入門書。

　　本書內容分為十章，編輯方式不同於之前，除了著作
的精華之外，更採用了大量的書信手札，重點不在於組織
尼采的學說論點，而是將讀者在生活中關心的事物，與尼
采的言論相結合，使讀者能透過對自身問題的探求，而理
解這位世界級哲人的多面思考歷程，甚至從中發掘更具意
義的人生課題。

　　之後，讀者將驚覺……尼采是一面巨大的探照燈，使
世間萬物無所遁形。

　　尼采也是位優秀的古典文獻學者。書中提及的人物，
如溫克爾曼（德考古學家與藝術學家）、萊辛（德啟蒙運
動作家、劇作家）、赫塞及歌德、席勒等，都是研究古典
文獻的著名學者，他們崇尚古典主義，也是人道主義者。

此處的人道主義，並非傳統所說的以人類為中心的主義，而是一種人類觀的規範傾向於希臘時代的人本主義。亦即，以古代文化作為規範與教養精神的人文主義。

　　當尼采對古代偉大的文化（特別是詩、悲劇及蘇格拉底以前的哲學家們所形成的藝術文化）更深入的理解而崇拜之際，也越因為這種歷史認識無法產生新的藝術文化而顯得焦慮。因此，他將缺乏理想成果的責任歸咎於三方：

　　第一、他認為德國的現狀及當代德國人的個性，甚至過去所有曾存在的德國人都應負起責任。對此，他嚴酷的加以批判。

　　第二、歸咎於人性本身。因此他進行殘酷的人性分析。（他自稱為「生體解剖」）。

　　第三、將責任歸咎於認識及認識者本身。亦即，將「缺乏理想成果的認識」視為文化人及學者本身不理想的成果，而文化上的問題性便轉變為生的苦惱。

　　在此將尼采的眾多著作分成三個時期加以考察：

　　〔第一期〕以處女作《悲劇的誕生》與《反時代的考察》為中心的初期作品。在這個階段，尼采扮演新銳的古典文獻學者及德國未來的熱心教育者，他醉心於華格納的音樂，對於德國的文化與個人的未來懷有巨大的希望。

　　以年輕的尼采而言，叔本華的哲學與華格納的音樂，成為希臘悲劇起源的文化史與文獻學上的課題，也變成當

代兩種文化性的產物。他對兩者加以肯定及辨明，並義不容辭地擔任華格納的宣傳。因此讀者必定感到尼采也談論叔本華與華格納時，經常會透露某些特殊的感激之情。

而敏銳的認識力與深具藝術性的感激——這兩種要素便成為尼采處女作的魅力。雖然兩者間不一定能調和，但他已在作品中努力嘗試。

〔第二期〕以《人性的、太人性的》為中心。此一時期，尼采對於過去在人類世界中被認為有價值或將變成有價值的事物與概念，如宗教、國家、文化與人性等，作了冷靜透徹的分析、解剖與批判。他只容忍「對於生有利益者」，如科學、心理學、生理學、遺傳學及生物學。亦即，他只容忍「對科學有用」的「生」。

因此，在尼采的眼中「上帝死了」，善惡的差別形同妄想，而藝術只是幻影。種種價值體系如同廢墟一般。然而，實際上並非尼采「殺了上帝」，他絕非踩著善惡到達〈善惡的彼岸〉，也不像柏拉圖在《國家論》中將藝術放逐到天涯海角。

「破壞者尼采」——這個奇妙的敬稱產生於古舊的觀念中，現在也有人將此稱呼視為常識，但尼采絕非價值本身的破壞者，他是舊的「價值體系」的破壞者。

實際狀況是這樣的——歐洲各種價值已經崩壞，現實的世界形同廢墟。世人因被某種價值體系的妄想所支撐，所以才誤認各價值仍存在，其實依靠妄想的所有生的營運

已毫無意義，簡言之便是「無」。尼采提出這種議論，只是盡了個人作為認識者的責任與義務。

這時期的著作充滿了前所未有的批判與暴露，在當時引起極大的騷動，尼采的聲名乃傳遍歐洲，但今天的讀者應當注意的是另一個更重要的問題。亦即，究竟是誰要指摘出人類自己內部所有忌諱、醜陋與邪惡之物？尼采的作為雖然過於冷酷，但他的態度愈強烈，則更顯示出他絕非局外者。而他難以抑制的熱情導致他的作法徹底，卻也招來了世人的非難。

其實自古以來，所有「生」的認識者，都是非常熱情的，這種「認識」發現了生與世界是如此的邪惡。而在這方面作了最壞的想法的厭世主義者，「認識」在他本身即已停止運作，他不一定會自殺，但會成為無言的隱遁者。

很明顯的，尼采在感情上遭遇了幻滅、絕望與苦惱的折磨，當他對別人進行批判與斷罪時，也往往對自己作著同樣的省思。

但這絕非怨恨或自虐，而是他行使當時被允許的唯一生的能量，極力想洞察的現實。這種努力起初幾乎無意識，後來漸漸自覺，而包含了一種肯定生的新手續，這種特色出現在第三期的作品中。

〔第三期〕以《查拉圖斯特拉如是說》為起始，最重要的是該書第三部〈幻想與謎團〉的篇章。此章中出現了嘴裡哽著「黑色的大蛇」而極力掙扎的年輕牧人。此蛇趁

牧人睡覺時而爬進他的口中，咬他的喉嚨。查拉圖斯特拉極力想把蛇拉出來，但徒勞無功；在苦鬥中，不禁叫喊：「咬！咬牠的頭！」牧人聽他的勸告用力咬，終於咬斷蛇頭，挽回一命，瞬間，他露出人類前所未有的奇妙笑容。

　　而今，人類即是被最壞的事物所纏住，在毫無逃避的餘地下，只有親自去咬斷它。唯有如此才能自救而脫離困境、解除危機。但知道人類已陷入這種窘境的，似乎只有尼采（即化身為查拉圖斯特拉）的這個超人。他告知世人，並呼籲大家「咬！」

　　——這就是智者、先知、預言者的使命與宿命吧……

CONTENTS

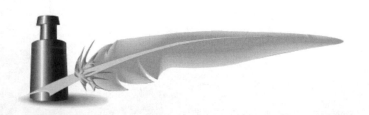

PART 1

尼采怎樣看尼采

我們尼采家族有一股特質，令人欣慰。
與其要求別人給予，
不如將自己所知的教授他們。
　　——《給格爾斯杜夫的信》

我有來歷，所以我覺得自豪，亦不需要名聲。
在推動查拉圖斯特拉、摩西、穆罕默德、耶穌、柏拉圖、
布魯塔斯、史賓諾沙及米拉波等人思想的行列中，
我已經活著；
在許多方面，
我擔任先鋒，
需要幾千年的歲月，
這種角色才能成熟而普照陽光。
我們是精神史上最初的貴族主義者，
歷史感現在終於展開了。
　　——《遺稿》

這裡有一些僧侶。
他們雖是我的敵人，
但卻讓劍靜靜地躺著，
讓我通過他們的身邊……
我們的血彼此相關，
而我希望自己的血在他們之中也能受到尊敬。
──《查拉圖斯特拉如是說》

由於妳所說、所作的一切，
讓我更確定我們有相同的血統。
因此，妳也更能了解我。
這與我的「哲學」非常相稱。
──《給妹妹的信》

現在我的「自由精神的作風」是咬緊牙關，
而非普通的決意，
朋友們都認為它是從我原來的性向奪取而得，
但我卻不以為意。
它也許是我的「第二天性」，
但就因為它，我才獲得第一天性的所有權，
我一定要證明這點。
　　——《給方畢羅的信》

如果我有幾分鐘去思考自己想要的東西，
那我將會去尋求適合自己的歌詞及曲調。
它們從一個靈魂產生，雖不一致，
但這是我的命運。
　　——《少年時代的信》

我發現了叔本華眼中所謂的天才，
這人給我無比的啟示，他是華格納。
沒有人認識他，也沒有人能判斷他，
因為全世界的人都站在自己的立場，
而不是處在他的氣氛中。
在他的內心裡有無限的理想、有實在而生動的人性，
生活踏實而崇高；因此在他身旁，彷彿與神同在一般。
——《給格爾斯杜夫的信》

我的朋友啊！
偶爾我會預感自己過著極危險的生活。
因為我是一具會破裂的機械，
我強烈的感情會讓我振奮、讓我微笑。
——《給加斯德的信》

對我而言，如果要得到一個像華格納的觀眾，
恐怕要犧牲我現在所能給予的所有桂冠吧！
這件事深刻的刺激我。
因為這是件極困難的事，
不管他高興與否，將會拆穿內幕，
而那如同在處罰及稱讚我的良心一般。
——《給羅德的信》

別對我評價過高，
以免希望幻滅⋯⋯

你不會了解，作為一個生產者而言，
我常有萎縮、憂鬱的想法！
我所追求的不過是一些自由和真實生活的空氣。
對於周遭的許多莫名不自由，
我覺得憤慨，也竭力反抗。
現在除非脫離不自由的束縛，
或從肉體的煩惱與苦悶解脫，
否則真實的生產將有阻礙。
我懷疑自己是否終有一天會達成生產的目的⋯⋯
——《給格爾斯杜夫的信》

我認為無論如何，絕不能附和任何人！
人必須對自己忠實，才能獲得成功。
現在我已知道自己有多大的影響力，
因此，我如果變得脆弱或懷疑，
不僅自己，連與我一起成長的人們，
都會有所損失而滅亡。
　　——《給格爾斯杜夫的信》

我知道許多極為崇敬的規章因我而存在。
而我更高的課題便是再進一步應用文獻學，
但我是超越文獻學家的。
「我渴望成為自己！」
這正是我最近十年來不斷努力的主題。
　　——《給瑪麗・包姆嘉德娜的信》

我最強的力量，
莫過於自我超越。

我曾經反省過自己最近的生活，
但卻沒進一步的行動，
這點我不能否認。
連我的「業績」也呈退化現象，
尤其在一八七六年以後。
——《給歐法貝克的信》

當時為了自己的快活、客觀及好奇，
便學會了虛有其表的伎倆……

但這種敏感的透視與情緒，可能成為此一著作的魅力。
亦即，讀者將會發現一個苦惱和陷入空乏狀態的人，
為何要裝作若無其事的心態。
在此，我必須維持均衡、穩定及對於生之感謝，
因為我要求自己的生命須勇敢面對痛苦的考驗，
以獲得更高的榮譽。
——《人性的、太人性的》

由於其他強烈的負擔與心灰意冷，
我接受了難以理解的精神禁欲的負擔。
——《給馬爾維達的信》

我不是頹廢者，
便是積極樂觀者。

——《瞧這個人》

為了多了解我的《查拉圖斯特拉如是說》，
人們可能與我處在類似的限制下——
不把單腳立在生之境地，這怎麼行得通？
——《瞧這個人》

我對自己的健康及生命所持的意志力
成為我的哲學。
在我的生活力最低靡的那年，
我發誓不再成為一個悲觀者。
於是自我恢復的本能，
禁止我那貧困與意氣沮喪的哲學觀。
　　——《瞧這個人》

我生存的幸福與獨特性，大概天生注定。
在我這個年齡，以父親而言已經去世，
以母親而言，雖然活著，卻已老邁。
這兩種極端的天性是頹廢、也是短促的！
而這可能成為我的特質的中立性。
　　——《瞧這個人》

雖然我的健康狀態不太穩定，
但也因多次考驗使我對生命的體驗更深刻。
我們或許常常會疑惑：世間非要有疾病存在不可嗎？
而我卻認為，人必須經過極大的痛苦，
精神才能獲得最後的解放。
　　──《「快樂的知識」序》

我的父親享年三十六歲。
他就像已往的生者那樣溫和可親又病弱。
說他是生的本身，不如說他是生的一種善意的回想。
他三十六歲去世，
而我在三十六歲時，也遇到了生命中的最低點。
我雖活著，但卻看不清前方的路。
　　──《瞧這個人》

從患者的觀點去仰望健康的各種觀念與價值，
以及相對的從豐富的生命的充實與自信去俯瞰頹廢，
這都是本能隱密的經營。
這也是我耗時最久的訓練及本來的經驗，
這或許是促使我成為名人的最大特點吧？
　　──《瞧這個人》

在我的記憶中，從不曾努力渴求某件事物。

在我的人生中，看不出一點苦鬥的痕跡。

我有著與英雄相反的天性，

從未有任何「願望」或「目的」。

在現在這一瞬間，我對自己遙遠的未來，

猶如在眺望平靜的大海，

在那海面上，

沒有任何欲求的波浪。

我只想要永遠與現在一樣，什麼都不想……

而我一直都是這麼走過來的。

——《瞧這個人》

・達文西——蒙娜麗莎

我並沒有存活在北方的充分力量。

在那裡，像海狸一般築窩而立起小心翼翼的方策，

那是種鈍重而人為的靈魂們在支配。

我若在這些靈魂之間，必然浪費我全部的青春！

當我在拿坡里，

第一次看到像天鵝絨般灰色與紅色的晚霞時，

這種感慨不斷向我襲來。

或許還未目睹這一幕便已撒手人寰，

但上天憐我，我對年老的戰慄及對自己的同情與眼淚，

終於在最後的瞬間得救了。

由於這種感情，使我有足夠活在南方的精神。

——《遺稿》

我深知自己的天命。

我的名字將會與一些毫無道理的事物連接吧！

以及地球上從未存在過的一種危機；

以及良心最深處的衝突的回憶。

對抗過去一直被相信、被要求與被視為神聖的一切，

而呼喊出的不屑那種決斷的回憶。

我不是一個人，
我是一顆炸彈！

——《瞧這個人》

萬物都成熟的美好日子，

剛好有一束陽光射在我的人生道上。

我眺望四周，過去從未有如此多而美好的事物。

今天我埋葬了自己第四十四年的歲月，

這也不是完全無益的，

在那其中，也有生命之事被救而永遠不滅……

我怎能不感謝自己曾走過的所有歲月？

——《瞧這個人》

雨不斷在下，從遠處彷彿飄來某種樂音，
我很喜歡，但無法由自己的體驗說明，
卻能從我父親的體驗中瞭然，
這不也是奇妙之事？
——《給加斯德的信》

對了！我知道自己從那裡來！
和火焰一樣，永不厭倦，我燒盡自己。
我抓到的都是光，
我留下的都是餘燼，
誠然，我是火焰！
——《「瞧這個人」中的詩作》

我因為柏拉圖、巴斯噶、史賓諾沙及歌德等人的血液，
在自己的血管中流動而覺得自豪——
一種無條件且真正的自豪。
——《遺稿》

唯有在當他離棄自己時，
他才會跳出自己的陰影，
而躍入他的太陽之中。
——《查拉圖斯特拉如是說》

我承認自己有「第二天性」，
但並非為了毀滅第一天性，
而是為了發揮最大的耐力。
——《給羅德的信》

多奇妙的事！

我的生活史代替很多人在作記錄，而非僅止於自己。

無論何時，我都代表複數，

我們的關係非常親密而認真。

——《遺稿》

身為教師者，

理想必須不斷更新，更臻完美。

我總是如此鞭策自己，

也相信這種意念，

能解開所有未來的面紗。

——《人性的、太人性的》

我為了職務與課題；

為了一個是情人，也是女神的人——非活下去不可。

對於我虛弱的力量和已受損的健康而言，這是件大事。

從外表來看，我過著像老隱士般的生活。

縱然如此，我仍告訴自己振奮、前進吧！

——《給熱特立茲的信》

人們越將我遺忘，去閱讀
《查拉圖斯特拉如是說》越有斬獲。
——《給加斯德的信》

我樂於奉獻與布施我的智慧，
讓智者再度因自己的瘋狂而喜悅，
讓貧者再度因自己的財富而快樂。
——《查拉圖斯特拉如是說》

聽來雖然很滑稽，但我年少時真的是悲觀論者。
十二、十三歲時，我認為樂曲是黑暗的代表。
我在以往的詩人或哲學家身上，
從沒看過由極端否定的深淵中產生這樣的思想與語言。
——《遺稿》

除了音樂的命運與我有關之外，
其他的我都不知、不聽、不讀。
——《給加斯德的信》

我以命運之愛來表達世間的偉大，
亦即人們都希望所有事物永遠不變。
為達此願望，
最大契機便是熱愛自己的命運。
——《瞧這個人》

我以前所未有的方法去反對。
縱然如此，我是說「否」的精神相對物。
我是過去從未存在過的可喜的使者，
因此過去的概念雖然缺乏如此高度的課題，
但從我開始，希望再度出現，
而我必然是能獲得宿業的人。
——《瞧這個人》

PART 2

人與人類

人類對自己毫無所知，由於驕傲與欺瞞，
背離了自然，所以往往目光如豆。
人類因為無知而不懂得如何關心，
只浮沈於充滿殘忍、貪欲、凶惡的橫流中，
猶如置身於虎背的態勢。
　　——《道德之外的真理與虛偽》

凡具有生命者，
都不斷在超越自己；
而人類，你們又做了什麼？
　　——《查拉圖斯特拉如是說》

你們的眼神朝向遙遠大洋，
渴望接觸岩石和其尖端；
這是人類一種想要超越自然的偉大語言。
——《遺稿》

人類，
若非成為偉大的有德者；
即變成自己和所有人的魔鬼。
——《遺稿》

「偉大的人，是公眾的不幸。」
所以，一切文明與制度，
總是在壓抑著它們眼中的偉人，
使其銷聲匿跡。
——《遺稿》

人類偉大之處在於他是橋樑，而非目的。
人類值得被愛——
在於他是過渡、是沒落。
　　——《查拉圖斯特拉如是說》

藝術家和哲學家的「偉大作品」，
在凡人眼中只不過是毫無價值的捏造物。
例如，拜倫、繆塞、愛倫坡、利奧巴底、
克萊斯特和果戈里等偉大詩人所作的詩集。
他們因此被凡人所遺忘，也就不足為奇的。
　　——《善惡的彼岸》

我愛的不是沒落者，而是不知如何生活的人。

我愛能辨明未來、救濟大眾的人，

因為他使自己破滅而來挽救世界。

我愛因為愛自己的神而懲罰神的人，

因為他經由神的憤怒而使自己破滅。

我愛渴望擁有豐碩靈魂而忘卻自己形體的人，

他輕蔑一切身外之物，

因為物質造成人類的沒落。

我愛那垂到頭上的暗雲，

它們形成雨滴，告知閃電的到來，隨即破滅。

看吧！我是閃電的先知，
是從暗雲中掉下來的雨滴。

——《查拉圖斯特拉如是說》

偉人對我而言，毫無意義！
我只欣賞自己理想中的明星。
——《善惡的彼岸》

賢明的馬哥斯（古波斯僧侶、術士）僧侶，
只信仰從近親相姦才能產生的太古波斯教……
一般都認為神話像在對我們耳語，
而智慧，甚至戴奧尼索斯（酒神）的智慧，
只是反自然的魔障。用知識將自然撞落破滅深淵的人，
自己也須經驗自然消除的痛苦。
自然永遠對我們呼籲：
「智慧的刀尖向智者而來，智慧是對自然的犯罪。」
——《悲劇的誕生》

人類比任何動物更易受病魔困噬，
但卻更不安定、更易變、更易動搖。

人類為何會生病？
因為人類是所有動物中，
最敢於嘗試、更新、反抗；
敢向命運挑戰的。
對於與自己有關的任何實驗，
永遠孜孜不倦，永不滿足結果，
永遠追求最高的支配地位，
即使已與自然、諸神並列，仍不停止。
人類怎可能不是所有生病的動物中，病得最厲害的呢？
──《道德系譜》

世間享有至高成就者，
往往在到達頂峰的一剎那，
才猛覺以往的奮鬥是如何的漫長與艱辛。
而在慶祝勝利的果實時，
雖然內心泛滿各種意念，
如自由、專制、權力等，
但仍會在感恩的駕馭下，
適時的處理各種情緒，使它們和平共存。
社會階級高者，若能保有回歸自然與人性本質的體認，
自能與低階層者和諧愉悅的創造人類幸福生活。
這是希臘時代天上人間的真相與因緣。
然近世之人，多變、病態且異常，
對希臘的祥和世界一概不知，排斥溝通，
他們如何能同時享有成功與幸福、和平呢？
──《權力意志》

唯有在內心向偉人學習，
才能得到文化最初的純淨。
——《教育家叔本華》

地位愈高，煩惱愈甚。
——《善惡的彼岸》

欲學習希臘人的精神——
超越自己，非僅是精神意志的提昇，
也包括強健體格的鍛鍊。
——《權力意志》

青年的靈魂必須用以下的質問來回顧以往：

出生至今，你真正愛過什麼嗎？

是什麼提昇你的靈魂？

是什麼支配你的靈魂？同時又是什麼令你喜悅？

你必須令自己所崇拜的一連串事物浮現在你眼前。

因為經由這些回顧，

你才能體會自我的根本法則……

你真正的教育者和形成者，

將對你指示你本質的原義……

你的教育者便是你的解放者。

——《教育家叔本華》

你曾相信什麼樣的人？

這些你崇敬的對象，

將會顯示出你對本身的信賴程度。

——《遺稿》

・達維特——拿破崙穿越阿爾卑斯山

將人類全部歷史視為自己歷史的人……

是能望見在自己前後幾千年地平線的人；

他是過去一切高貴情操的繼承人，

是負擔義務的默默奉獻者，

是所有古代貴族中最高貴的人。

他將人類最舊與最新的損失、希望、征服、勝利等，

都由自己的靈魂去負擔，並將它們保存在靈魂裡，

壓縮成一種感情。

最後，醞釀出人類前所未知的幸福；

這是充滿威力與愛、淚與笑的神性的幸福。

──《快樂的知識》

夕陽不斷的將自己的財富揮灑給周圍的一切，

它將自己散落在大海中，

直到將貧窮漁夫的木櫓染成金黃色時，

才覺得自己的富足。

這一切的一切，神將它命名為──人性！

──《快樂的知識》

從前人們問：什麼東西可笑？

現在人們問：什麼是笑？

笑如何發生？

並不存在本身善、美、崇高、惡的東西，

而是有種種心境，

處在這些心境之中，

我們便把上述詞彙加到了我們身內身外之物上面。

我們重又收回了事物的稱謂，

至少想起是我們把稱謂借給了事物：

我們且留神，按照這種見解，

我們並未失去出借能力，

我們既沒有變得更富有，

也沒有變得更吝嗇。

　　──《曙光》

個人註定應當變成某種超人的東西——悲劇如此要求。

個人應當忘記死亡和時間給個體造成的可怕焦慮，

因為即使在他生涯的最短促瞬間和最微小部分中，

他也能夠遇到某種神聖的東西，

足以補償他的全部奮鬥和全部苦難，而綽綽有餘⋯⋯

這就叫作悲劇的思考方式。

如果有朝一日整個人類必定毀滅，

誰還能懷疑這一點呢！

那麼，它在一切未來時代的最高使命就是這個目標：

緊緊聯結成為統一體和共同體，

使得它能夠作為一個整體，

懷著一種悲劇的信念，

去迎接它即將到來的毀滅。

人的全部高貴化都包括在這個最高使命中。

人類萬劫不復地受到拒斥，

這是一位人類之友所能想像到的最為陰鬱的畫面。

我是如此鮮明地感覺到這畫面呵！

人類未來的唯一希望和唯一擔保就在此了：

但願悲劇的信念不要死去。

　　——《華格納在拜洛伊特》

哦，你們這些世界政治大都市中的油嘴滑舌之徒，

你們這些年輕有才、求名心切的傢伙，

你們覺得對任何事情，

總會有點事發生的。

發表你們的意見乃是你們的義務！

你們如此掀起塵囂，

便以為自己成為了歷史的火車頭！

你們總在打聽，總在尋找插嘴的機會，

卻喪失了一切真正的創作能力！

無論你們多麼渴望偉大的作品，

孕育的深刻沉默絕不會降臨你們！

日常事務驅趕你們猶如驅趕秕糠，

你們卻自以為在驅趕日常事務。

你們這些油嘴滑舌之徒！

一個人倘若要在舞台上充當主角，

就不應該留心合唱，

甚至不應該知道怎樣合唱。

——《曙光》

「自在之美」純粹是一句空話，從來不是一個概念。

在美之中，人把自己塑為完美的尺度；

在精選的場合，他在美之中崇拜自己。

一個物種捨此便不能自我肯定。

它的至深本能，自我保存和自我繁衍的本能，

在這樣的昇華中依然發生作用。

人相信世界本身充斥著美，

他忘了自己才是美的原因。

唯有他把美贈予世界，唉！

一種人性，太人性的美……

歸根究柢，人把自己映照在事物裏，

又把一切反映他形象的事物認作是美的：

「美」的判斷是他的族類虛榮心……

一個小小的疑問或許會在懷疑論者耳旁低語：

人認為世界是美的，世界就真的因此被美化了嗎？

人把世界人性化了，僅此而已。

然而，無法擔保，完全無法擔保，

人所提供的恰好是美的原型。

——《偶像的黃昏》

沒有什麼是美的，只有人是美的：

在這一簡單的真理上建立了全部美學，

它是美學的第一真理，我們立刻補上美學的第二真理：

沒有什麼比衰退的人更醜了，

審美判斷的領域限定了——

從生理學上看，一切醜都使人衰弱悲苦。

它使人想起頹敗、危險和軟弱無能；

在它旁邊，人確實喪失了力量。

可以用功率計測出醜的效果。

只要人在何處受到壓抑，

他就可估出某種「醜的」東西近在身旁。

他的強力感，他的求強力的意志，

他的勇氣，他的驕傲——

這些都隨醜的東西跌落，隨美的東西高揚……

在這兩種場合，我們得出同一個結論：

美和醜的前提極其豐富地積聚在本能之中。

——《偶像的黃昏》

· 雷諾瓦——傘

偉人都是經過攻擊、
排擠、折磨的困厄，
而後才呈現今日的光華。
　　——《遺稿》

我們想要讓人類在自然中氾濫，
我們想從自然中挖掘出能超越夢想的所有寶物，
非得建立比暴風雨、山岳、海洋更雄偉的呈現，
絕不放棄——做為人類的孩子。
　　——《遺稿》

個人為國家所做的一切奉獻，
皆違反了他的本性。
　　——《權力意志》

我無法承認與自己的正直毫無關聯的偉大，
常人同於演戲的言行，只令我作嘔。
如果我發現自己也是如此，
那我將會鄙視目前所有的「成就」。
——《遺稿》

有人格者，人們永遠無法反駁。
——《「希臘悲劇時代的哲學」序文》

人會思考，為自己追求最大的幸福，
所以希臘人塑造了屬於自己的諸神。
人也是普天下最具煩惱能力者，
而付出這種無上的代價，
只為買到生存的波浪打到岸上最珍貴的貝殼。
——《快樂的知識》

天性正在退化的人們，何處有進步，便急流湧至。

然而，最強之處必有其最弱的致命點，

如同外表堅強者堅持軀殼的存在，

而外柔內剛者，則使生命意義無限延長。

　　——《人性的、太人性的》

歐洲經歷苦難及契機的轉變，

終究產生新的敏感危機意識；

這種知性感悟是天才之母。

　　——《快樂的知識》

沒有一位好父親的人，

自己要試著成為一個好父親。

　　——《人性的、太人性的》

除掉血緣關係，
所有的人際關係幾近冷漠無情。
——《遺稿》

人類的存在毫無意義而令人恐懼，
連丑角也可能成為災禍。
——《查拉圖斯特拉如是說》

PART 3

神與宗教、生與死

在所有的禁欲道德中，
人類把自己的一部分視為神，加以崇拜；
因此，被迫把其他部分予以惡魔化。
　　──《人性的、太人性的》

少數人將兩種屬於高層次的事物，節度與中心
以一種內在體驗和祕密祭祀之道來思考與認識，
他們尊敬其中蘊含神的部分，忌諱高聲談話。
　　──《人性的、太人性的》

希臘化時代，戰勝者被視為神的化身，回到神的行列。
　　──《講義草搞》

如果真有神，
那為何我們能忍耐不是神的事！
——《查拉圖斯特拉如是說》

在十二歲時，想出奇妙的三位一體。
神等於天父、神等於天子、神等於惡魔。
從此，我開始研究哲學。
——《遺稿》

我以神學家自居而發言的機會很少，
希望大家傾聽——
經過幾天忙碌的工作之後，
躺在樹下修養的是神本身，
祂創造的一切如此美好，
惡魔不過是每個第七天的神的安逸。
——《瞧這個人》

十三歲時，所謂惡的起源的問題已經使我困擾。

在那仍抱著半兒戲的年紀時，

我奉上第一次文學上的遊戲，

亦即我最初哲學上的作文。

當時我對此問題的「瞭解」是，

我正當的給神榮譽，而將神視為惡之父。

這是我的直覺。

——《道德系譜》

所有的神都已經死了，
現在我們要使超人活起來。

——《查拉圖斯特拉如是說》

如果我相信神，
那我大概只相信懂得舞蹈的神吧！
——《查拉圖斯特拉如是說》

從某種美好偉大的內在原初力量深淵中誕生了德國宗教。
而德國音樂的未來曲調也在宗教的讚歌中開始響起。
這首路德的讚歌以極為深奧、
大膽及充滿感情與善良的樂音響起，
作為對最初戴奧尼索斯式邀請的呼聲。
而戴奧尼索斯狂熱者也以充滿神聖活力的行列加以回應。
由於這些狂熱者，我們背負了德國音樂——
更進一步的，將會背負著德國神話的復活！
——《悲劇的誕生》

這個禮拜，我聽了三次像神籟的巴哈〈馬太受難曲〉，
每次都有莫名的感嘆。
對於將基督教拋諸腦後的人，
這首樂曲彷彿真正的福音，
否定著缺乏禁欲的意志。
——《給羅德的信》

在叔本華的說教中，
能使中世紀基督教中，
已達成的世界觀與人生觀的教義毀滅，
也能使它復活。
——《人性的、太人性的》

神如果想要成為愛的對象，
是否應先摒棄裁判與正義的思想？
甚至連仁慈的裁判者都不是愛的對象。
──《快樂的知識》

我所見過、接觸過最高貴的兩種人，
一種是完全的基督徒──就我自己而言，
一直很誠心的對待基督教徒出身的自己，
這也是我的名譽。
另一種人是我在具有高水準基督教之處發現的，
充滿羅曼蒂克理想的完美藝術家……
──《遺稿》

人們對古典趣味感受的強弱會決定新約聖經的立場。
對新約聖經沒有反感的人表示他絲毫不懂何謂古典。
人對於「十字架」必須有像歌德對它一樣的感受才行。
──《權力意志》

宗教性的本能，亦即形成神的本身，
常在意料之外賜予我豐富的神諭，
感覺奇妙猶如自月中下降一般。
已分不清自己多大年紀，
在那神奇的瞬間，
有許多異常的事在身邊發生。
——《權力意志》

當我注視內心的惡魔時，
發現惡魔認真、深沈又莊重。
那是沈重的靈魂——
可以使一切事物墜落。
——《查拉圖斯特拉如是說》

在精神豐富又具獨立性的場合中，
最令人嫌棄的莫過於執著於道德。
蘇格拉底認為道德等於偏執狂，
而道德與宗教不過是窘境的象徵。
——《權力意志》

如果我現在能稱某種事物為宗教，
那我的宗教是為了蘊育天才的事業。
教育正是值得去寄望，
並給予安慰的一切，它的名字叫藝術。
教育是一種對被產生出來的事物的愛，
是超越自愛而滿意的過剩的愛。
宗教是「超越我們的愛」，
而藝術作品就是像這樣超越自己愛的映像，是完美的。
——《我們的文獻學者》

・普基廖夫——不相稱的婚姻

人為了能夠生存，
必須要有破壞與解體過去的力量，
並且要加以實行。
於是要把過去的一切引至法庭，
痛切詢問，並定予有罪的判決。
　　——《歷史的利弊》

你要把握隱含在所有的肯定與否定中必然的不公正，
亦即，承認生活中絕對無法脫離不公正。
　　——《人性的、太人性的》

在我們一生中，疾病是否有必要存在？

最大的痛苦才是精神最後的解放者。

這種痛苦對人類而言，

猶如用烈火去烤生木頭，

是一種長時間而緩慢的苦痛，

也因此，哲學家才會有探究的興趣。

我不知道這種痛苦是否有一天會得到「改善」？

但我堅信它使我們的人生更豐富。

——《快樂的知識》

快樂可能是苦惱的一種形式，
而人只不過是一種外顯的節奏！

——《遺稿》

為了使我們的德性達到更高的境界，

疾病是不可避免的，

尤其是對於認識別人與自我了解的渴望。

若一個人只一心求得健康，

那將是一種偏見、膽怯及狡猾而野蠻的象徵！

——《快樂的知識》

我希望所有與我有關連的人，

能夠體會苦惱、被遺棄、疾病及被虐待的痛苦，

也祈禱他們能相信自己並接受困難的考驗。

我不會同情他們——

因為唯有如此，一個人的生命才有價值。

——《權力意志》

別妄想健康永遠處於顛峰狀態。
基督教賜給人們病痛有非常充足的理由！
因此，我們必須承認健康──
如同「美」、「善」等概念，
是變化莫測的！
　　──《備忘錄》

精神是自己要注入生命中的泉源、
是從自己的苦悶來增進自己的認知。
你們是否已有所領悟？
精神上的幸福，
也就是從千錘百鍊中獲得重生的喜悅。
你們是已經深切的瞭解呢？
　　──《查拉圖斯特拉如是說》

我對於伊比鳩魯性格的感受可能不同於他人、
而且還享有聆聽與閱讀他的所有機會，
因此，我能享受古代午後安謐的幸福。
我看著他的雙眼，
注視著彼方被陽光照耀的廣闊大海。
各種動物在陽光下嬉戲，牠們的表情一片安詳。
這樣的幸福，只有不斷苦惱的人才能醞釀，
因為他們的命運之海已風平浪靜。
——《快樂的知識》

勇氣是最厲害的殺手——
尤其是攻擊的勇氣。
勇氣甚至能戰勝死亡，
因為它會說：
「原來這就是生命？好！那就再一次！」
——《查拉圖斯特拉如是說》

由於某些價值，進而成為極有價值理念的各個民族，
絕非自由主義促使他們如此。
把他們改造成令人敬畏是很大的危險，
而我們也面臨此種危險，
我們的應急手段、德性、防備武器與精神，
就是促使我們變成危險的角色，
它們強制我們必須變得更堅強。
唯有此種理念，我們才經得起打擊。
　　——《偶像的黃昏》

具有最高尚精神的人，
往往也具有最大的勇氣，
所以他們能無畏地去體驗——
那充滿痛苦的悲劇。
正因為生命以最大的敵意朝向他們，
所以他們才尊敬生命。
　　——《偶像的黃昏》

一切偉大的事物常因本身的自我廢棄的行為而滅亡。
生的法則，亦即生的本質中必然性的自我超越法則，
要求立法者本身宣告「要遵守你們制定的法則」。
——《道德系譜》

自古以來禁欲的理想至今仍在奮戰。
這個理想使我在誘惑、恍惚與痛苦中，
能更加認識自己、救濟自己並得到最後勝利。
——《道德系譜》

基本的教義：
將苦惱改造為勝利，
將毒藥改變成養分，
這是我們能力所及，
是一種由苦惱而產生的意志。
——《遺稿》

根據柏拉圖的描述，

蘇格拉底作為一個最後滯留的酒客，

在黎明中為重新展開新生活而安詳的從餐宴中離去。

當時在椅子上和地上沈睡喝酒的同伴，

為要夢見真正愛的使徒蘇格拉底才停留現場，

而蘇格拉底就以當時的安詳赴死。

——《悲劇的誕生》

死不只是裁判，
而且是主動選擇嚮往而去追求的裁判。

它對於虛無以外的事物充滿了一股可怕之愛的魅力。

死是所有偉大的熱情與英雄精神的封印……

人生極至莫過於成熟到能坦然面對死亡，

雖然這是由最困難的考驗與英雄的鬥爭、苦惱而得，

但它也是一種福音。

——《備忘錄》

如果沒有神話，

那所有的文化將失去其健全創造性的自然力；

唯有充滿神話的地平線，

才能將整個文化運動聯結為統一體。

　　——《悲劇的誕生》

他們從不曾創造出自己的神。
即使現在，神對他們而言已不存在，
也不值得驚異。

　　——《詩斷論》

看了一切，尤其是看了人類的神，

就不得不死！

因為人類無法忍受這種目擊者的存活。

　　——《查拉圖斯特拉如是說》

親愛的友人，

我突然發覺在我的著作中充滿了和基督教的內在對話，

你一定覺得訝異，甚至厭煩。

但信仰基督教的生活就我所知，是最好、最理想的。

自孩提起，我便追隨基督教，

直到現在，我仍堅信它是很神奇的。

總之，我是全世代基督教聖職者的子孫——

請原諒我的偏狹！

——《給加斯德的信》

宗教上最深的誤解——

認為壞人沒有宗教。

——《遺稿》

基督徒常想逃避自己。

——《華格納事件》

如果我們承認「一瞬間」，

就如同承認本身及現存的一切。

因為世界萬物，

包括我們本身在內，

都不是獨立的，

因此當那僅有的一次，

當我們的靈魂像絃般幸福的震動時，

我們的肯定將會實現所有的永恆。

　　——《權力意志》

為了忘卻生存往往與非公正相連的事實，

我們需要更多的力量。

路德也認為世界因神的健忘才成立的，

如果神想到「大砲」，可能就不會創造世界。

　　——《歷史的利弊》

苦惱者最大的麻痺法（亦即緩和法）是儘量釋放熱情，
這也是他不知不覺去追求某些痛苦的麻醉劑。
——《道德系譜》

想以更高的本能要求由現代野蠻狀態中，
產生出嫌惡的個體，也許不可能。
至於庇第之神，
只要神祕的煙從深處冒出來，
那要發現第二個庇第則毫無困難。
——《教育設施的將來》

PART 4

真實與虛偽

希臘人善妒，他們不認為是缺點，

反視為是神賜的恩惠，

由此，可顯出我們與希臘人，

對倫理性判斷的隔閡是多麼的大……

當希臘人越偉大、崇高時，

就越會強烈的去欺負與他走在同一路上的人，

由此，發出名譽心的火焰。

所有偉大的希臘人，把競爭的火把傳給別人，

並以所有偉大的德來點燃另一種新的偉大。

希臘的民間教育命令人們在鬥爭中，

要開展自己所有的天賦，

然而，近代的教育家最怕的莫過於名譽心的解放。

「藝術家也會彼此怨恨！」

希臘人只知道藝術家會發生個人式的鬥爭，

但這種鬥爭卻是現代人最懼怕的。

現代人想發掘藝術作品的弱點，

而這正是希臘人去尋求藝術作品最高力量的泉源……

只有競爭讓柏拉圖成為詩人，

讓索菲斯特成為辯論家。

如果我們要問競爭與藝術作品構想的關係，

將會有什麼問題在我們面前展開呢？

　　──《荷馬的競爭》

對於真理，

對於「不管付出任何代價的真理」的意志，

我們已厭倦了青年式的瘋狂。

為此，我們累積太多的經驗、

也太嚴肅、太快活、太極端；

我們已經到了在真理剝掉面紗後，

也不相信真理仍是真理。

以這種態度來看人生，

我們活得太過度。

人不能用赤裸裸的姿態看一切，

也不可能理解、認識一切；

而應該學習更尊重自然隱藏之謎，

與種種不切實事物背後的羞恥。

哦！相對的，希臘人極懂生存之法，

他們決然停留在皮膚表面之處，

崇拜假象、相信充滿形式、音響、

語言皆是假象的奧林匹斯山！

希臘人是膚淺的——太過度！

——《快樂的知識》

一切生動之物往往覆藏在其周圍某種神祕的靄霧中。

若將這層神祕面紗揭露，

則無論宗教、藝術或天才，

都將迅速枯萎、僵死。

正如名歌手漢斯・薩克斯所說：

「所有偉大的事物，

如果沒有妄想，

絕不會成功，

這是真相。」

即使所有的民族，

甚至所有嚮往成熟的人，

也都需要一些內在的妄想及掩蓋，

守護自己的雲霧。

——《歷史的利弊》

任何一位歷史家，

對他的腳來說，地面太熱；

而他們往往明示立於極神聖之處的人應有更高的評價。

創出歷史感覺的德國學者，

幾乎全暴露出不是支配階級的出身。

以認識者來說，他們都是厚顏無恥的。

　　——《遺稿》

語言是危險的。

不可說出的話是如此的多！

況且，宗教上、哲學上根本的直覺如同恥辱一般。

而那些是我們思索與欲望的根源，

因此絕不可將它們引出明亮之處。

　　——《給格爾斯杜夫的信》

我不認為認識很廣泛，
即是代表智慧很高深。
　　——《偶像的黃昏》

我們有時會因雙重的不公正而促進真理。
我們無法將同時看到的事物的兩面，
按序去觀看、去敘述；
而且不管看那一面，
都妄想那是全部的真理，
而否定另一面的情形。
　　——《快樂的知識》

我們過度推崇公正而粉碎了個性，

把一切對事物的不公正概念全然放棄，

如同放棄了認知的可能性。

於是也斷絕了所有「與公正有關」的事物的關係。

　　——《備忘錄》

學問在能夠為生活服務的範圍內，

我們想要為它服務。

　　——《歷史的利弊》

藝術家或思想家為了確定自己的流派，

往往對其他人的信仰產生不公與偏狹的觀念。

藉此他才能看到自己流派中超實際而更偉大的事物，

進而全力完成此理想。

　　——《快樂的知識》

若我們是因誤謬的結果而存活，
那「真理的意志」是否為對「死的意志」？
——《遺稿》

人類往往為了認知某種沒落的美，
而採取一切手段。
——《備忘錄》

一個人只要比別人先具有一種洞察力，
他就是明星。
——《華格納事件》

・伊凡・尼古拉耶維奇・克拉姆斯柯依

我們之中最勇敢的人，
對於他本就知道的事物保持勇氣，
這難道也是非常稀罕的嗎？

——《曙光》

身為真正教師者，
凡是與其弟子有關連的事，
必會認真的傳授——
就連自己的事也不例外。

——《善惡的彼岸》

當某人已確定事物的真實與否，
將會影響我是否有更大的勇氣。
（我對自己本就知道的事物只有些微的勇氣。）
　　——《給布朗德斯的信》

不隱藏自己的意見的人，
若不是不知世間的演變，
便是屬於神聖的顧前不顧後的騎士團。
　　——《人性的、太人性的》

人類或男性中所謂的「男女平等主義者」，
對我而言，如同閉鎖的門……
然而，為了在嚴酷的真理中保持精神而快活，
絕不能有憐恤自己之心，
必須在習慣中保有嚴酷。
於是，我常想像完美讀者的形象，
並相信這種具有勇氣和好奇心的怪物會出現。
《瞧這個人》有的人藉由透過別人來使自己被瞭解，
絕不讓自己直接被人看透，這是非當聰明的。
　　——《曙光》

思考比較深入的人，在交際的場合中，
總覺自己是喜劇明星，
因為他們為了讓對方理解，
便不得不先偽裝表面。
——《人性的、太人性的》

作用者是幻影而非現實。
重要的人會慢慢領悟，
在自己發生作用的範圍內，
是否只是別人腦中的幻影？
為了同胞的利益，
是否要持續自己的幻影呢？
這是微妙的靈魂常會陷入苦悶的原因。
——《人性的、太人性的》

完全不談自己的事，
這是甚為高貴的虛偽。
——《人性的、太人性的》

對於以心來傳達的可能性，
我們的疑惑加深了……
因為經常有偽裝！
越高層次的種族，就會越須要忍耐。
想讓多數世人理解是很困難的，
所有的行動幾乎被誤解。
而為了避免常被釘於十字架的危險，
便不得不戴假面具。
要誘惑別人也是如此。
——《權力意志》

最易毀滅具有與別人同樣想法的青年的方法，
莫過於灌輸他比其他想法不同的人更值得尊敬的觀念。
——《曙光》

身為教師者，所作的一切只為了弟子們的幸福著想，

而所有的知識，也只有在傳授弟子的場合，

才真正會感到無限喜悅。

——《人性的、太人性的》

深沈的人都酷愛假面，
他們偽裝成與自己個性相反的人，

這是隱藏神的羞恥很適切的偽裝，不是嗎？

本能上，為了凸顯沈默與祕密性，

只得不斷說話，且對於迴避傳達十分有心得，

像如此的隱居者，

希望並促成假面能在朋友的心中替代自己。

即使他並不想有這種結果，

但以往的作為早已使別人認定了自己的假面。

這或許無關緊要，

因為他終究會領悟。

所有深沈的精神皆需要假面，

且此一精神的周圍不斷有假面產生；

他所說的話、所有的腳步與氣息，

通常都有錯誤，亦即淺薄的解釋。

——《善惡的彼岸》

如果我們把一個哲學家想像成獨立高處、

能保持許多世代傳統的教育者，

那我們便不得不承認，

他必然也會有所謂偉大教育者的可怕特權。

教育者除了關於學生利益之事外，

絕口不提其他事。

而他不可被揭穿這種虛偽，

在眾人面前，

他必須保持正直的形象，

這是成為名人的藝術。

此外，他也要行使訓練與懲戒的所有手段。

對於具有各樣天性的人，

他要使用嘲笑的鞭子才能達到進步的目的。

而對於怠惰者、優柔寡斷者、膽怯者、自滿者，

可能要用極度的讚賞才能使他們進步。

如此的教育者站在善惡的彼岸，

但任何人都不曾察覺。

——《權力意志》

‧達文西——岩間聖母

不管任何人，都不可用手去碰觸這種感情，

或在碰觸之前，必先潔淨雙手。

將這種存在於神聖體驗中的感情注入大眾，

如此，便能獲得大成功——

人們將把光明的人性發揮到極致。

　　——《善惡的彼岸》

所有種類的文化，

均肇始於眾多事物被掩蓋之時。

　　——《遺稿》

教育是什麼？

把體驗到的所有事物掌握在特定的妄想下！

這些妄想的價值、規定教養和教育的價值，

都藉由人格來傳達。

在此範圍內，教育乃依存於教師偉大的道德與人格。

教育是彼此人格間的魔法的影響。

　　——《備忘錄》

一種精神能忍耐多少真理，
並且敢於實踐多少真理？
對我而言，當價值觀愈膨脹時，
誤謬並非盲目了，而是膽怯。
——《瞧這個人》

凡庸是卓越的精神所能戴的最有效的假面具，
那是因為不讓多數凡庸者去想像戴假面具之事。
而那精神戴假面具，
只是不想刺激他們，
有時也是同情和善意。
——《人性的、太人性的》

PART 5

過去與未來

只有建築未來的人，
才有裁判過去的權利。
——《歷史的利弊》

要從一個人的靈魂中，
擦去他的祖先最喜歡、最常學習的事，
簡直是不可能的！
——《善惡的彼岸》

我們每個人幾乎都有任何學者所具有的認知的好惡。

在背後，將看到這學者以前的歷史、家族，

特別是家族的職業與手工，

「用此來證明工作難題的解決」，

在這種感情出現之處，

學者會肯定依自己的觀點所完成的工作……

對於證明的信仰，

而這只不過是在勤勉的種族中被認為是好的工作的象徵。

舉個例子，就像整理多樣的資料，

再重新提出分配，

一般來說，猶如套上一個模型。

以這些工作作為本務的記錄者或書記的兒子們，

如果成為學者的話，

只要把某種課題套上固定的模型，

就以為問題已解決了。

對他們來說，父親手工的型式變成了所有的內容，

而這個整理與分類範疇表的能力暴露了某種事實，

似乎沒有經過雙親的處罰，

兒子們便無法解決問題。

　　——《快樂的知識》

偉大的人們是必然的，
他們出現的時代是偶然的。
且通常都成為當代的主人，
時代以他們為目標，
而他們的表現更堅強、出色。
一個天才與時代之間，
總是存在著強與弱、
老與少的對比關係，
與天才相較，
時代經常顯得很年輕、薄弱、不成熟、
不安定而孩子氣的。
　　——《偶像的黃昏》

和處在眾人之中一樣，

在許多的時代中，

種種的才能及美德看似缺乏而不明顯。

但只要有等待的心，

一旦等到曾孫的時代，

他們一定會把祖父們的精神，

或祖父們自己不曾知道的精神，

在白日之下暴露出來。

各個哲學家在肉眼看不見的束縛下，

不斷重複的在同一軌道上跑。

即使他們無感於各種批判性及體系上的意志，

但在他們的身上似乎有某種力量在引導，

驅使他們在一定的秩序下有規則的跑著，

這顯示出他們與各種概念的體系具有親近性。

實際上，

他們的思索比已發現的具有更多的再認識、再回想……

以這個範圍去研究哲學是一種最高級的格式遺傳。

——《善惡的彼岸》

人必須被陶冶來順應這個世界。

而對於哲學——

廣義哲學的要求權，

人通常只是依靠他的來歷而具備，

在此，祖先的「血統」決定了一切。

為了產生哲學家，

許多世代非做準備工作不可，

因為哲學家的各種德性，

必須一個個慢慢培養、育成、繼承、同化。

不僅在思想方面要果敢、輕快、纖細的進行，

更重要的是要覺悟對於世人的大責任，

因此，要學習做為一個支配者去觀望，

要有往下看的高貴眼光，

以及關於公正的快感與訓練等，

要成為一個哲學家就是要如此。

——《善惡的彼岸》

能夠領悟古老泉源的人，

終究會去尋找未來之泉與現在。

——《查拉圖斯特拉如是說》草稿

一個種族、一種世襲的身份、一個血統，

和其他各種有機體一樣，

只能是成長或滅亡，而不會靜止。

不會滅亡的血統即是不斷成長的血統，

成長使它變得更完全。

一個血統生存中的持續性，

必然會決定這個血統發展的高度，

最古老的血統一定有最高的血統。

　　——《遺稿》

靠出生而形成的貴族，

只是一種血統貴族。

而有野心的猶太人通常都會說，

「精神貴族」一般都有必須加以隱藏的理由，

為什麼呢？

因為如果只有精神，

人還是不會變成貴族。

說得更直接，便是：

仍舊只有血統才能讓精神成為貴族。

　　——《權力意志》

‧伊麗莎白‧路易絲‧維瑞──畫家和她的女兒

我最喜歡一個時代中稀有的人物，
將他視為過去諸文化的後生、
視為一民族及其文化的格式遺傳來理解。
這樣才能真正瞭解有關他們的一些事情。
而現在，這些看起來無緣、稀有、異常、
在自己身上感到有此力量的人，
如果要反抗其他的世界便要加以培養、擁護，
如此，他便能成為偉人或狂人、怪人，
除非他很快就破滅。
……像這種舊的衝動容易自發的地方，
主要是因為一個民族被保存其種攻和世襲的身份，
而血統、習慣、價值評價迅速改變之處，
則不可能有如前述的格式遺傳的可能性。
──《快樂的知識》

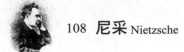

為了豐富所有高貴的世界，

人必須一出生就能夠驅向它，

懷疑，就像俗稱的精神薄弱或病弱，

是某種已變成心理學上好幾層素質的最高精神表現。

這經常都是在被隔離很久的血統，

或身份上做決定或突然雜交的情形下產生。

亦即——在雜交後產生的新種族血液中，

一切尺度與價值形成一種不安定、混亂、疑惑與嘗試。

對彼此最好的生命力具有嚴重的妨害，

便是諸德互相都不允許成長及強化。

於是在身體和靈魂中，

缺乏平衡點及垂直的安定。

但這種混血兒所患最重的病莫過於意志的退化。

——《善惡的彼岸》

人，與其說是兩個父母的孩子，

倒不如說是四個祖父母的孩子。

因為祖父母典型的萌芽在我們身上成熟，

而在我們孩子身上，

我們雙親的萌芽會成熟。

——《遺稿》

你們父祖的意志如果不是很高，

你們又為何要登高呢？

但，想做第一名的人，

要注意，可別成為最後的人！

在你父祖的惡德之處，

別想成為一個聖者。

　　——《查拉圖斯特拉如是說》

在偉人的時代中往往充滿很大的危險，

各種的疲弊與無法生產在他們背後逼迫著，

偉人象徵一種結束。

但天才——不管在作品或行動上都必然是浪費者。

他會將自己耗盡，這就是他的偉大。

　　——《偶像的黃昏》

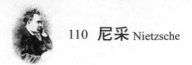

一般的歷史家，

如果對過去種種沒有以嚴苛的腔調與憎惡的表情來敘述，

則毫無經驗的人會誤認那是公正之德。

在這種假設的前提下，

寬容被認為是對無法否定之物的容忍、

調整與適度的修訂，

且只有優越的力量能對此加以裁判。

亦即，除非軟弱偽裝成強健，

將裁判席上的公正變成演員，

否則便不得不寬容。

——《歷史的利弊》

人類本來就只尊重一切自古設立而慢慢成長的事物，
所以死後想繼續活的人，
不僅為了子孫、更要為了某種過去來費心安排。
因此各類的僭主們（像藝術家或政治家），
為了讓人的歷史到達自己的準備階段，
總會對歷史施以暴力。
——《人性的、太人性的》

即使有著偉大高貴體驗的人，
對過去某些偉大而高貴的事物也無法解釋清楚。
過去的話，經常都是神示的話，
諸君如果要成為一個未來的建築家，
必須先是一個現在的智者，
如此，才能理解過去的話。
——《歷史的利弊》

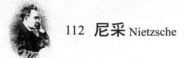

現在，我命令你們：

「丟下我，找出你們自己。」

當你們拒絕我的時候，

我才會重回你們身邊，

到時，我將會以一種不同於現在的愛來愛你們。

總有一天，你們會變成我的友人，我的希望之子。

那時我會與你們一起慶祝偉大的正午時刻。

正午之時，就是人類站在軌道中間，被授以超人，

把向著黃昏的道路作為自己最高理想來祝福的時刻。

因為這條路是向著另一新的清晨的路！

——《查拉圖斯特拉如是說》

用某種遙遠時代的眼光來看現代，

我認為在人類之中最值得注目的，

是叫做「歷史的感覺」的東西，

它蘊含獨特的德性與疾病。

那是歷史上全新而異常的對某種事物的萌芽。

這種萌芽，如果在二、三世紀的時代，

或許會長出散發令人驚訝芳香的植物。

因此，我們這片古老的大地住起來將會比過去更舒適吧！

——《快樂的知識》

我就像置身在未來的片斷之間，
為在我們希冀的未來之間步行，
在人類之間步行一樣。
我的所作所為和一切的努力，
就是要把片斷與謎及可怕的偶然集中，凝縮為一體。
如果人類是詩人與謎的解開者，
而非偶然的救濟者，
那我為何能夠像人如此的忍耐，
救濟過去的事物！
把一切的「有過」改成「我想要──」
對我而言，這才是值得救濟的！
　　──《查拉圖斯特拉如是說》

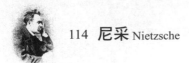

將心中再發現的南方那明亮光輝、
充滿祕密的天空在自己之上展開。
若要再獲得靈魂的健全和隱藏著的信心，
便要一步步擴大，
要成為更超國民、更歐洲化、更超歐洲化，
最後便是更希臘化的。
正因如此，所以它也是歐洲化的靈魂的開端，
是我們「新世界」的發現。
——《權力意志》

兒子通常是父親祕密的暴露者，
父親在有了兒子之後，
應要設法多瞭解自己。
我們都有隱藏在自己內部的園地與植物，
亦即我們都是總有一天會爆發的活火山。
　　——《快樂的知識》

善的事物是一種極端的奢侈，
擁有者與得到者永遠是不同的人。
而一切的善是遺產，
沒有被繼承的則是不完全而短促的。
　　——《偶像的黃昏》

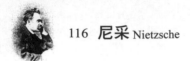

世世代代做為教師、醫師、牧師等職業模範的人，
如果視金錢、名位如糞土，只一心服務他人，
最後便能產生更高尚的精神典型。
以此為前提，僧侶若想靠健壯的女性來繁殖，
只不過是為日後能產生更好的人類而作的一種準備。
——《遺稿》

查拉圖斯特拉不想失去人類任何的過去，
他想把一切都投入大熔爐中。
為一個新靈魂來奉獻古老的犧牲，
用一個新的軀體來轉變古老的靈魂。
——《查拉圖斯特拉如是說》

人如果僅停留在為人弟子的位置，

那將對老師產生不良的影響。

你們為什麼不摘去我的花冠？

因為，總有一天，

你們對我的尊敬會消失，

到時你們將無所適從。

小心啊！別被偶像的柱子給壓垮了。

　　──《查拉圖斯特拉如是說》

在諸君周圍充滿了希望與努力之牆。

諸君心中要去設想未來將會遭遇到的困難，

並忘記自己是次等人的迷信。

　　──《歷史的利弊》

我的聰慧的渴望如此迸發出歡喊和大笑，

這渴望誕生於高山，真是一種野性的智慧！

我的颯颯展翅的偉大渴望！

它常常帶我扶搖直上，

遨遊四方，在大笑之中。

我顫悠悠地飛翔，

如一支箭穿越浸透陽光的狂喜。

飛到夢想不到的遙遠的未來，

飛到比畫家們所憧憬的更炎熱的南方，

那裡諸神裸舞，以一切衣服為羞！

——《查拉圖斯特拉如是說》

孤獨與共存

我自己是最後的哲學家，
因為我是最後的人類。
除了自己，沒有人和我交談；
我的聲音就像臨終者般也傳入自己耳中！
因為你們愛的聲音，
使我自欺的忘卻孤獨，
以為置身在多數人及他們的愛中。
我的心永遠不信愛已滅亡，
無法忍受最孤獨的戰慄，
於是我強迫自己彷彿商人般的不停交談。

——《備忘錄》

人類往往極難說出內心想告白的話。

如果我們擁有勝過你我特性的一切，

那我將成為一個傲慢且無法忍受世俗的人吧！

我現在已站在熱那亞的山丘上，

可能與已去世而曾站在同處的哥倫布一樣，

時常奔馳於大海及未來一切的眼光，

與思想不斷的徘徊、流浪。

為了維持自信，

我必須要有像你這樣的友人給我援助。

──《給羅德的信》

只持有一己思想的索居者，

會被視為愚人；

而自身也往往看來像個愚人。

──《給加斯德的信》

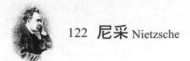

誰有勇氣注視令人類煩惱的最嚴酷、窮迫的荒野？
誰有勇氣聆聽孤獨狂亂者如此的嘆息？
「啊！那就讓我瘋狂，你們這些天上的人啊！
疑惑將我淹沒，我殺了法律；
如果我不是超越法律的人，
那我便是萬人中最忌諱它的人。」
——《曙光》

必須要有後代——
人類才能安定與互相維繫。
這也是最好的教育理念，
給予我們的作品及弟子正確的方向。
——《備忘錄》

如果我能沈默而活，
便能達到自己的終極意圖，
這是一種代表人類的形式，
也和賢明度及自我保存有關。
如此一來，所有人將會逃離我！
如果他們探知從我的想法中會產生什麼樣的義務。
我打擊一些人，
也讓一些人墮落。
總有一天，
我很可能為了人類的愛而變成啞巴！
——《給馬爾維達的信》

如果我的孤獨感能多分一些給你，

該有多好！我從不曾感到自己有任何朋友，

那是一種難以形容的恐慌與懼怕……

如果世上有應該死的人，

並且象徵一種偉大的意義，

那大概是我唯一能賦予自己光明的意識。

——《給歐法貝克的信》

那些能體會沈溺在深深猜疑中及絕對性視線裡，

而陷進孤獨戰慄中的人，

應當會理解我為何常常自我忘懷，

而隱藏在崇拜、敵意、科學性、輕薄與愚昧之中。

況且，我如果沒發現大家眼中的必要之物，

也必須要用人為的方法勉強的得到、偽造。

（除了這些事，詩人又作了什麼？

而世上一切的藝術又為何而存在？）

因此，我為了自我治療與恢復所重複最有必要的事，

似乎並非如此孤立——

在友情的信賴中，盡情休息，

甚至猜疑，不必理會外在的一切。

——《人性的、太人性的》

‧米勒最重要的代表作──拾穗者

對於弟子們及繼承者的要求，
通常讓我焦急不已；最近幾年，
甚至誘惑他們做了些會危害生命的愚行。
──《給歐法貝克的信》

在我這個人生階段，已非單獨一個人，
我將會被許多誓約所迎接，
也將會設立及組織什麼吧！
我常如此堅信。
長久以來，我總是自我安慰，
踏著可怕而孤獨的歲月走來。
事態慢慢的改變，一切似乎仍嫌太早。
——《給歐法貝克的信》

我像海盜一般，常企圖去搶奪他人。
此舉並非想將他們當奴隸般賣掉，
而是與我們一起賣給自由。
——《給熱特立茲的信》

我羨慕伊比鳩魯的原因，
在於他學園中的弟子能忘掉所有世俗的事。
別人用卑鄙的手段想奪取大家對我的信賴，
以及收授弟子的可能性。
（他們輕視我的名聲、性格與意圖。）
為此，我有權利憤慨；
但我認為自己的著作會為我招來弟子，
因為我內心有強烈的教學衝動。
為了得到弟子，我也需要名聲。
——《給加斯德的信》

誰會知道我為了降生而付出的代價，
而那些極具深度的人，又將經過幾個世代才能誕生呢？
——《給妹妹的信》

有幾百個人聚集一起，
形成了威尼斯市。
這就是城市的魔力！
——《曙光》

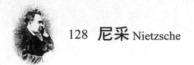

我發出像《查拉圖斯特拉如是說》
一般從靈魂深處發出的呼聲後，再也無話可說；
現在的我比以前更孤獨——
這是無法想像的可怕之事！
即使最強的人也難免因此而滅亡，
何況是我！
　　──《給歐法貝克的信》

現在，我一個人走，
我的弟子們！
我希望你們也都單獨的離去。
也許查拉圖斯特拉欺騙你們，
你們相信他，但以身為人師的立場，
我仍希望你們離開我。
現在我命令你們必須試著失去我，
去發現自己。
當你們都否定我的時候，
我才會回到你們身邊。
　　──《查拉圖斯特拉如是說》

我的工作需要時間，
也不希望被混淆。
我想再過五十年，
至少有幾個天才，
會因我做的事而張開眼睛吧！
我不奢望現在他人便會談論我，
使我能站在無限真理之前，
因為這是不可能的。

──《給馬爾維達的信》

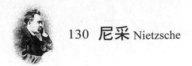

只要我還活著，便需要弟子。
如果過去我的各種著作沒有成為誘因而提高效果，
那它們並沒有盡到天職。
最好的，最有本質性的事物，
只有以人類傳達人類的形式才具宏效，
而且那不能，也不應該以「公開」的方式。
　　——《給歐法貝克的信》

有人能比我更果敢的面對各種事物嗎？
人非得忍受不可，這便是試驗。
我想要的並非是現在就被認為正確，
而是要在幾千年後被認為是真理。
　　——《給德逸生的信》

我覺得自己已被宣告要停留在孤獨的城市一般，
毫選擇餘地。我的生存變得異常而困難，
必須避免與其他人接觸。
我對「人類」，
尤其令我苦惱的「年輕人」越來越無法忍受。
（哦！他們就像小狗般，粗魯而厚顏！）
或許正因如此，才將我引入極端的純粹性。
──《給馬爾維達的信》

雖有五個耳朵──但已經聽不見任何聲響！
世界已變成啞巴……
我豎起好奇的耳朵。
我把釣鉤投向遠方五次，拉竿拉了五次，
但連一隻魚也不見踪影。
我問──我的網連一個答案都不要，
我豎起了愛的耳朵……
──《詩作「鐵石的沈默」》

我佇立橋畔，乃是在不久前一個淺淺的夜，
從遠處傳來了歌聲。

聲音變成金色水滴湧出，
流過震動的水面而消失。
我彷彿和遊艇、燈火及歌聲，
一起沈醉而飄浮在微暗中……
我靈魂之絃的曲調，
被看不見的手所碰觸，
暗中演奏著遊艇之歌。
音符因華麗豐盛的幸福而顫抖。
有誰聽過呢？……
　　──《詩作「威尼斯」》

我只要一次相信，

不管是誰都有可能愛我，便覺得自滿；

而這種愛是以對方瞭解我是什麼樣的人為前提。

同樣的，假如有一天、我也愛上某個人，

對方必定也是與我同位階的人。

但過去從沒有任何人能讓我埋頭於工作或心煩。

如果有神存在，或許祂會知道，

但遺憾的是，神並不存在。

　　──《給妹妹的信》

世界上有種道路，

除了你以外，任何人都無法行走。

別管它將通往何處，勇敢的向前走吧！

　　──《教育家叔本華》

我是否成功，並非依存於自身，

而是依存於「諸事物的本質」的狀態。

希望妳能相信——

在我身旁充滿著歐洲一切道德性的省察與工作，

以及其他許多事物的頂點。

可能有一天，連鷲也會戰戰兢兢的抬頭看我，

就像我在童年時抬頭看自己所愛的聖約翰像一般。

　　——《給妹妹的信》

根據我的思想難以形容的異質性與危險性，

我確定要到很久以後，

絕非一九〇一年以前，

能瞭解我的耳朵才會張開。

　　——《給馬爾維達的信》

已經不能撤退，也不能往上攀登嗎？

為了羚羊，難道已進退維谷？

眼前是寬廣的大地、一片曙光，

而在我腳下是——宇宙、人類與死亡！

　　——《詩作「漂泊者與他的影子」》

我的生活太孤獨、也太高寒了。
我在等待──我究竟在等待什麼呢？
雲座離我太近──我在等待第一個閃電！
　──《詩作「笠松與閃電」》

《查拉圖斯特拉如是說》
被作為娛樂書出版之事，令我噁心。
會有任何人專心的去閱讀嗎？
如果我有「最後的華格納」的權威，
也許不致如此。
但至今沒人將我從「通俗作家」中解放。
　──《給加斯德的信》

PART 7

哲學與文學

蘇格拉底似乎仍不滿足於──
自己僅是位正直的思索者，

儘管這對當時人而言，已十分罕見。

他希望自己能做一些大膽的冒險，

這種想法，令他覺得生活愉快而有意義。

　　──《遺稿》

對人類而言，本能是創造性、肯定性的力量，

而意識則有批判、諫止的作用，

但對蘇格拉底而言，
本能變成批判者，意識變成創造者。

這是「因為真正缺陷而生的怪物」。

而且，我們在此也承認所有神祕素質毫無道理的缺乏。

因此，應該稱蘇格拉底為──

因為理論上過度的繁茂，

所以造成理論的天性和神祕家本能的智慧；

同樣格外發達的特殊的非神祕家。

　　──《悲劇的誕生》

從蘇格拉底身上，
可以看出他在暗示頹廢的人，
不僅是指在很多本能中明白的荒廢，
也指無政府主義者。
理論上過度的繁茂，
成為他佝僂症特徵的惡意，
這個惡意也作了與前述相同的暗示。
……他的一切是誇張的，是諷刺的，
同時也是隱藏的，屬於地下的。
　　——《偶像的黃昏》

認為認識會引起本質的轉變，
這是合理主義卑俗的誤謬，
而蘇格拉底正是第一個這樣做的人。
　　——《給德逸生的信》

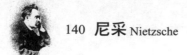

如果柏拉圖沒有受到蘇格拉底的迷惑，
他就會發現更高境界的典型哲學者。
而這種人對我們來說，
幾乎已經永遠失去，
這是個很重要的問題。
──《人性的、太人性的》

寫下了我想要閱讀的大量散佚的書，
希望成為僅僅超越他的讀者的人。
我也期盼我的子女和學生能繼承我的志向，
此刻，我只願能想起作者栩栩如生的姿態。
──《教育家叔本華》

當我談到柏拉圖、巴斯噶、史賓諾沙、歌德的時候，
我知道他們的血在我的血液中流動。
——《遺稿》

我深感叔本華是我尋覓許久的教育家兼哲學家。
因此，極不滿足於只擁有他的書籍。
所以，就想努力的買更多的書來看看，
各種命題如何說都無所謂，
因為，對我們而言，
這個人物的天性能代替一百個體系。

作為一個教育者，
也許有一百次的錯誤，
但他的本質卻不失正確性，
我們所依靠的便是這一點。

一個哲學家的身上有著絕不可能是哲學的某種東西，
這也正是哲學家偉大的原因。
——《教育家叔本華》

我認為叔本華對於靈魂的觀點有些表面化，
他似乎只有一點點的喜悅與煩惱。

**一個思索者應該要小心，
不要使自己變得無情。**

因此，他必須知道從何處獲得這些材料。
叔本華對於認識的熱情，
並不像他為了這事而要煩惱的那麼多，
因為他據守在城中。

——《遺稿》

我認為做為新德國文藝基礎的馬丁路德的話語，
以及聖經中詩的形式過於擬古與押韻，
這是不妥且錯誤的，
無法帶給我們深入的感受。
相反地，極為多樣的韻律變化，
與偶爾的不押韻是正確的。
我們已經在音樂中達成的自由，
一定也可以將它引進文藝中吧！
唯有如此，心靈才有寄託，
而這也是託馬丁路德的福。

——《遺稿》

我認為莎士比亞最值得稱讚的美事，

莫過於他相信布魯塔斯（凱撒的反對者），

且沒有一點猜疑！

他把自己最出色的悲劇（凱撒大帝）奉獻給布魯塔斯。

雖然這個悲劇至今仍使用錯誤的名稱，

但卻是奉獻給布魯塔斯和高層次道德最可怕的精髓。

靈魂的獨立在此非常重要！

在這種場合，任何犧牲都無所畏懼，

連最愛的朋友也不例外，

即使這位友人是最出色的，

能為世間增色，是無人能比的天才。

莎士比亞一定強烈的感覺到，

他給凱撒的榮譽是他對布魯塔斯所能表示的最好的名譽。

這樣，他才能把布魯塔斯的內在問題毫無道理的提高，

同時，也提高了能打斷聯繫靈魂的力量……

我們恐怕已經站在使那個詩人求身的靈魂所產生、

且還未知的某些黑暗和冒險的前面？

至此，哈姆雷特的憂鬱又怎能與布魯塔斯的憂鬱相比呢！

而莎士比亞以後的憂鬱可能也和以前的一樣，

都是由經驗中得知吧！

可能他也和布魯塔斯一樣，

在等待著黑暗的時刻與不祥的天使！

　　——《快樂的知識》

‧畢加索成名作──亞威農少女

赫德比其他人更早看到四季的變換而加以摘取……

他的精神介於明暗、老少之間，

一種過渡、沈澱、震撼的狀態和生成的徵候，

像獵師一般的埋伏在心靈深處。

春天的不安情愫讓他到處探索，

但他本身不是春天，

他在自己覺得懷疑的場合，

常高興的在身上披了威嚴和感激，

在他的身邊常有太多的否認，

而欺騙又安慰自己的則是那些外在的衣物。

實際上他充滿感激與熱情，

但他的野心蓋過這一切，

並且常焦躁的燃起熊熊的火，

劈哩叭啦的響著，冒出濃濃的烟。

正如他的文體一般，

但他希望是大火焰，

不過這願望卻從沒實現！

他並非一個創造者，

而且他的野心也不允許他在此間取得席位，

他就這樣成為一個極不沈著的客人，

以及各種精神上料理的毒味的角色。

　　──《人性的、太人性的》

歌德——他不是德國,而是歐洲式的事件。

是一種朝向自然的回歸,

不斷地前往文藝復興的自然性,

並想超越十八世紀大規模嘗試。

他追求的是綜合性,

並與理性、感性、感情與意志的分裂作戰。

他以全一性作為目標來訓練自己,創造自己,

他也是一位在不確定情操時代中有確信的實在論者。

在這一點,他肯定了所有跟他有血緣的人,

而他本身所經歷的最實在經驗則呼叫拿破崙的名字。

因為歌德能把天性凡庸者滅亡的因素轉變成自己的利益,

所以敢將擁有最有利自然性賦予的人構想成——

除了懦弱以外,已經什麼都不被禁止的人。

而在成為像這種具有自由精神的人以後,

僅止於他本身會受到責難,

所以以整體而言,這個信仰雖被救濟、被肯定,

但他也不再否定——站在萬有的正當中,

以充滿喜悅與信賴的宿命觀來面對。

但無論如何,這種信仰似乎可能是所有信仰中最高的。

——《偶像的黃昏》

歌德夢想能成為已繼承所有人性全部遺產的歐洲文化。
——《權力意志》

歌德最先利用實踐的活動，
他在自己的周圍放置被封閉的地平線。
他並沒有將自己抽離生命，而是更投入。
他不萎縮，並在自己的肩、頭中接受更多的事物。
——《偶像的黃昏》

歌德堅持人類在學習聖化時，
又成為現存的聖化者，
這是偉大的堅持。
——《權力意志》

歌德是德國人應學習的模範。

他越來越傾向於嚴格而激烈的自然主義。

他也是被典型化的人，

達到了過去德國人從未達到的高度。

今天人們便以此作為指責他的藉口，

甚至偏狹的攻擊他的老成。

在讀過艾克曼（德國作家）的作品後，

德國人應自問，

是否有人在那種高貴的形式下能達到和歌德一樣的程度？

或許他離單純與偉大還有一段距離，

但絕對在我們之上，

我們應效法他那種隨時採取「再度開始」的精神。

——《備忘錄》

歌德曾有二次自以為──

擁有比自己實際上所擁有的更高的東西。

於是，在後半生，

因確信自己是最偉大的科學發現者、開發者之一，

這使他犯了錯誤。

正如同他的前半生一樣，

也曾要求過比文藝所肯定的更高的某些東西，

那時他已犯錯了。

他當然想把自己變成一個造形藝術家，

這個想法在他心中燃燒，

成為他燒焦身體的祕密，

終於把他趕到義大利。

他仍委身於自己的妄想，
讓自己犧牲奉獻。

經過深思熟慮之後，他終於發現，

自己必須與這種意願的最大熱情訣別，

而下定決心訣別，雖必須，卻也非常錐心刺痛，

這種心態在《塔索》中完全表露無遺。

在塔索的頭上，人已經失去所有──

因此，在訣別之後，生活怎能不發狂呢？

於是便產生一種像自言自語、比死更壞的飄浮的預感。

上述兩種生活根本的謬誤，

使歌德對文藝抱持一種不受拘束、近乎放肆的態度。
歌德雖然懷疑對方是否為不被叫出真名的某個女神，
但看來就像是常來拜訪情人的希臘人一樣，
在他的詩中能感覺到造形藝術與自然是如此的接近，
他可能隨時都在追著同一女神的各種變身。
如果中途沒有謬誤的繞道，
那就不是真正的歌德了。
　　──《人性的、太人性的》

我的野心就是其他人在一本書上所說的事──
亦即在一本書上不說的事，
而我用十句話把它說出來。
　　──《偶像的黃昏》

對於一個哲學家，
我只根據他的能力而給予個別的價值。

——《教育家叔本華》

我將它取名為偉大的「遺恨」。

不管是作品或行為，

一切偉大的事物一旦被完成後，
它馬上向完成它的人豎起挑戰牌。

——《瞧這個人》

有很久的時間，

歌德的天性將自己束縛在詩的革命軌道中，

因此，他後期的轉變與回心顯得意義重大。

這個意義便是他再度獲得藝術的傳統，

他現在對於被放置的神殿廢墟與柱廊，

至少有想要以想像力把以前的完全性與全一性，

附加上去的深刻欲求。

就這樣，為了回想真正的藝術，

他活在藝術中，

而他的詩作成為回想的補助手段。

他的要求如果沒有將新時代的力量列入考慮，

一定毫無成就，

而我們因為能與這個成就有關聯而享有的喜悅，

使我們得到足夠的補償。

不是因為個人理想的假面，

也不是現實寓意的普遍性，

而是幾乎被不可視的東西所減弱。

作成神話的時代性格與地方色彩，

它被壓縮成極單純的形式，

脫離了引起刺激與緊張的病理特性。

而為了不讓藝術性以外的感覺產生作用，

現在的感情與社會各種問題，

不是新的素材與性格，

而是在繼續不斷的新生與新形成。

且早已是很熟悉、很親近的舊素材與性格，

這是後期的歌德所理解的，

也是希臘人，更是法國人所實現的藝術。

　　──《人性的、太人性的》

這只是我們之間的話語，

我是當代第一哲學家，

不，可能比這還高一點，

亦即，是由立在兩個千年之間的──

某些決定性因素來蘊育宿業的人，

這並非不可能的。

　　──《給熱特立茲的信》

張開你們勇敢的翅膀
高高飛翔在時代上空！
遠方那新世紀的曙光
已經透現在你們鏡中！

　　——《華格納在拜洛伊特》

多數思想家都寫作得很差。
因為他們不但向我們傳達他們的思想，
而且傳達思想的思想。

　　——《人性的、太人性的》

莎士比亞對於激情是深思熟慮過的，

肯定有一條從他的氣質通往許多激情的捷徑。

（戲劇家一般都是相當可惡的人）

但是他不能像蒙田那樣談論激情，

而是借熱情的劇中人物之口說出他對激情的觀察；

這雖然不自然，

但他的戲劇卻也因此思想豐富，

使其他一切戲劇相形之下顯得空洞，

因而很容易招來普遍憎恨。

席勒的警句——

（它們幾乎總是基於錯誤的或無價值的隨感）

正是劇場的警句，

並且作為劇場警句產生強烈效果；

相反，莎士比亞的警句卻為他的榜樣蒙田爭了光，

在精緻的形式中包含著十分嚴肅的思想，

但也因此對於劇場觀眾來說太疏遠，

太精細，於是沒有效果了。

——《人性的、太人性的》

倘若作家只是為了與讀者平起平坐而否認自己的才能，

那他就犯了讀者一旦發現就決不原諒的唯一死罪。

你可以背後議論一個人的所有壞處，

但是是以這種方式，

如人們所說，

必須知道重新激起他的虛榮心。

——《人性的、太人性的》

敏銳而明快的作家的不幸是，

人們以他們為膚淺，

因此不在他們身上下苦功；

晦澀的作家的幸運是，

讀者費力地讀他們，

並且把自己勤奮的快樂也歸功於他們。

——《人性的、太人性的》

一位讀者攻擊作家的所謂自相矛盾，
但這矛盾往往根本不在作家的書中，
而在讀者的頭腦裏。

——《人性的、太人性的》

中世紀宮廷裏的小丑與我們的無聊文人相仿，

這是同一類人，理智不健全，

詼諧，誇張，愚蠢。

其存在有時只是為了用打諢和饒舌緩和情緒的激昂，

用叫喊掩蓋重大事件的過於沉重莊嚴的鐘聲；

從前是為王公貴族效勞，

現在是為黨派效勞。

但整個現代文學家的狀況與無聊文人相距很近了，

這是「現代文化的小丑」，

倘若把他們看作理智不健全的人，

便也可以寬大待之。

如把寫作視為職業，

實在是一種瘋狂。

——《人性的、太人性的》

一個好作家不但擁有他自己的才智，而且還擁有他的朋友們的才智。

—— 《人性的、太人性的》

叔本華，這最後一個值得注意的德國人，

（如同歌德、黑格爾和海涅，他是一個歐洲事件，

而不僅僅是一個本地事件，一個「民族」事件。）

對於心理學家來說是一個頭等課題：

他是一個惡作劇式的天才嘗試，

為了虛無主義地根本貶低生命，

卻把正好反對的判決，

「生命意志」的偉大的自我肯定，

生命的蓬勃形態，引出了場。

他依次把藝術、英雄主義、天才、美、

偉大的同情、知識、求真理的意志、悲劇等，

都解釋為「否定」或渴望否定「意志」的產物——

除了基督教，

這是歷史上最大的心理學的偽幣製造行為。

—— 《偶像的黃昏》

・雷諾瓦──包廂

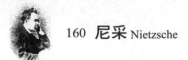

應當把作家看作罪犯，
只有在極罕見的場合，
才有言論自由或得到赦免：
這是對付書籍氾濫的一種辦法。
　　——《人性的、太人性的》

最好的作者，
是那羞於成為作家的人。
　　——《人性的、太人性的》

詩人用韻律的車輦，
隆重地運來他的思想；
通常是因為這思想不會步行。
　　——《人性的、太人性的》

即使最真誠的作家，
當他想補足一個長句時，
也太經常地漏掉一個詞。
　　——《人性的、太人性的》

最幽默的作家，
會使人發出幾乎覺察不到的微笑。
　　——《人性的、太人性的》

柏拉圖之師蘇格拉底，猶如一幅諷刺畫，
因為他背負著不與別人共存的各種特性。
　　——《遺稿》

極為多樣的哲學生活方式的道路，

最終乃是回到最單純且永遠不滅的媒介——

賢者蘇格拉底之處。

——《人性的、太人性的》

歌德身上常煥發一種喜悅與信賴的宿命觀，

那是為了造就讓一切被肯定、被救濟、

被辨明而不使自己招致反抗與困憊的綜合性的嘗試。

——《權力意志》

從音樂中產生的偉大果實，

比造形藝術的果實以及變成已熟識的樹所結的果實，

要更早變壞、腐敗。

這個理論乃根據音樂的本質而來，

因為在人類的藝術感覺下所產生的一切事物，

思想是最能持續且不會改變的。

——《人性的、太人性的》

我們這些哲學家在某方面並沒有單獨的權力，
我們不被允許單獨的錯誤，
也不被允許單獨能射中真理。
——《道德系譜》

以豐富的知識而達到理論上極為熟練領域的精神，
以及在知性非常興奮的狀態中，
一再累積前代未聞的多數推論，
而達到以往研究者花了好幾世代的心血才追趕到的結論，
我認為這些都是可能實現的理想，
而這也是想像力的作用，
這種精神應該會得到應有的補償。
——《遺稿》

當藝術穿著破舊衣衫時，
最容易使人認出它是藝術。
——《人性的、太人性的》

詩人與預言者所重視的，
只不過是一張代辯的嘴。

——《權力意志》

是海涅給了我抒情詩人的最高概念。
我在有數千年悠久歷史的國家中，
去尋求和他那同樣甜美而熱情的音樂，但卻無益。
如果沒有海涅，
我就絕不相信能有什麼完美的人，
能作出像神一般的惡作劇。

——《瞧這個人》

PART 8

善惡與正義

人類與樹是相同的。

越想把身軀伸往又高又亮的地方，

根便會更強力的伸展，

往地下無盡的黑暗；

往罪惡之中。

———《查拉圖斯特拉如是說》

肉體的享樂，對凡人而言，
是一把逐漸燒身的火；
對於長滿蛀蟲的木材與所有的破布而言，
則立刻變成有著熊熊烈火的爐子。
肉體的享樂，對自由的心而言，
是一種天真而奔放的幸福；
一切的未來會愈來愈靠近現在，
因而充滿了感謝。

肉體的享樂，
對於已經枯萎的人而言，
是最甜美的毒藥；
對於有獅子之心的人來說，
卻是一針強力劑，
也是用畏敬密藏的特選酒。
肉體的享樂，
表示最高的幸福與希望；
因為對於眾多的人而言，
它保證能獲得比結婚更深一層的約束。
　——《查拉圖斯特拉如是說》

一旦被支配的欲望盯上，

人類便會甘於做苦役，

變得比蛇、比豬更低級，

最後在人類中就會發出輕蔑的吶喊聲。

支配欲，會極盡誘惑與諂媚，

遛到冷清而孤獨的人身邊來；

繞到自滿而顯貴的人身邊來，

在大地、天空中燃燒起來。

支配欲，當處在高位的顯貴者，

想總攬下面的所有權力時，

誰會認為他有怪癖？

誠然，人類視這種情況為理所當然。

我欲，是無病健全的，它從壯偉的靈魂、

從高級身軀上的靈魂裡冒出來。

是美麗的、贏得榮譽的、讓旁觀者覺得清爽自在。

在它周圍的所有事物，都會成為一面澄清的鏡子，

雖柔弱，但有說服力，猶如舞者的身軀，

自得其樂的旋轉，靈魂則逍遙無比。

這種身軀與靈魂陶然忘憂的歡樂，

它將自己取名為「德」。

——《查拉圖斯特拉如是說》

什麼是善、什麼是惡，
還沒有人知道──
除了造物者！
但造物者創造了人類，並給予土地、
未來及賦予他們生命的意義，
而這些人才去創造出世上的善與惡。

　　──《查拉圖斯特拉如是說》

我過去唯一學會的事，
對人類而言，最惡乃為最善之必要；
一切最壞的，即是最善的根本力量。

　　──《查拉圖斯特拉如是說》

在善與惡之間，

想成為創造者的人，

必先做為一個絕滅者，

粉碎所有的價值。

最大的惡屬於最高的善意，

但最高的善都是創造性的事物。

──《查拉圖斯特拉如是說》

我們誠然是過去所存在一切事物中最可怖的人類，

但這件事並不妨礙我們也是最仁慈的人。

在與自己的絕滅力相稱的程度下，

我們嘗到了絕滅的喜悅。

對於任何一件事，

我們繼承了酒神戴奧尼索斯的天性，

從不把「否」的實行與「然」的發言分開……

我們是傑出的絕滅者。

──《瞧這個人》

公正，就像修昔底德（古希臘哲人）所說的一般，

只發生在具有同等權力者之間。

以戰爭而言，當雙方明顯的優勢已不存在，

且戰爭無益，徒造成相互的損害之時，

雙方才會產生商議的想法。

交換的特徵無非是公正最初的性格……

也就是在雙方都具有相同的權勢地位的前提下，

才有的回應與交換……

這是具有判斷力以自我保存的見解，

因為戰爭已使雙方感覺──

我為什麼要蒙受這種無益的損害，

況且目標也可能不會達成！

唯有在此深思熟慮的利己主義的考量下，協議才會成立。

──《人性的、太人性的》

我將人類三種最壞的東西放在天平上，
試著把它們當作最好的東西來考量。
肉體的歡樂、支配欲、我欲，
至今仍被嚴厲的詛咒著，
受到最壞的評價，被認為最虛偽的化身。
儘管如此，我仍一本初衷，
想將它們當成善良的人性看待。
——《查拉圖斯特拉如是說》

一個人的過去愈重要，
他的惡也就愈大。
——《遺稿》

哦！人類的最惡與最善，都是如此的渺小！
——《查拉圖斯特拉如是說》

戰爭雖是具毀滅性，
但也是一切新事物誕生的動力！
這種法則會永遠持續。
因為經由鬥爭，人類從中得到永遠公正的啟示。
所以，人類將鬥爭視為一種由統一、
嚴格的公正所不斷主宰的表象，
這是從希臘式最純粹之泉所汲取的令人驚嘆的表象；
希臘人也因而把宇宙視為認識論的基礎。
這即是現在已成為世界原理的海希奧德（古希臘詩人）的
〈善良的愛麗絲〉中所描述的希臘人與希臘國家的競爭思
想……因為轉化成極普遍的思想，
所以已瀰漫在整個宇宙中，不斷的旋轉。
……這些事物本身……已非固有的存在形式，
而已變成在相反的、
種種質的鬥爭中所拔出的劍的閃光與火花，
是勝利的光輝。
　　——《希臘悲劇時代的哲學》

發出喧嚷聲的所有人，

在他們各種熱中的戰線上以及對立的糾紛上，

不斷的經由交涉而產生協調的態勢，

這種放棄武力的結果猶如交響曲的悟性，

洋溢著最高的思慮。

華格納傾向整體性的音樂，

如同處在偉大的新約時代的哲學家所瞭解的世界一樣，

從鬥爭中產生調和的公正，

以及在敵對中對統一世界的仿造。

——《華格納在拜洛伊特》

公正這件事大多成就於積極的態度……

富主動性、攻擊性、

侵略性的人和被動而軟弱的人比較起來，

前者站在距公正僅一百步之處……

同理觀之，

在所有時代中，攻擊型的人，

是更具強勢、更有勇氣、更高貴的人，

他們有遼闊而自由的眼光，

有更問心無愧的良心。

——《道德系譜》

你們這些義者都不是為正義而戰，
而是為了勝利的形象而戰。
但我擁有超人像，
所以你們的一切人間像都將粉碎，
看吧！這是查拉圖斯特拉走向正義的原動力。
──《遺稿》

以建設性、選別性、絕滅性的思考法為基礎的公正，
就是「生」本身的最高代表者。
──《人性的、太人性的》

PART 9

藝術的真面目

在美與真理之間的中間世界，
是出現於陶醉的演技中，
而非埋沒於過度完善的陶醉中。
我們透過明星的表演，
以扮演戴奧尼索斯的角色，
來重新認識本能的詩人、歌手、舞者。
扮演者在崇高或哄笑的震撼中，
試著達到自己的最高表現。
他雖超越了美，
但絕非追求真理，
他只是飄遊在兩者之間而已。
──《戴奧尼索斯的世界觀》

青年對於美的衝動與偏愛，
是某種超越美的預告，
這是何等奇異的事。
　　——《遺稿》

朝向形式的道路不僅非走不可，
而且也不能再用飛的。
我們無法迴避神聖——
卻受到限制的「形式」，
也就是因習成俗的束縛。
　　——《備忘錄》

迷惑是一切戲劇藝術的前提。

——《悲劇的誕生》

世上一些不能獲得安慰便陷入孤獨的人們，

他們是無法選擇像杜勒（德國版畫家）所畫的——

被死與惡魔所糾纏的騎士的人生，

他選擇自己適切的象徵。

騎士身穿甲冑，

有著堅定又嚴密的眼神，

絕不被可怕的伴侶所誘惑。

他雖沒有特別的期望，

只是一個人和馬、狗為伴，

但在自己坎坷恐怖的人生道上，

卻對行進方法有著深入的心得。

我們的叔本華就像杜勒所描繪的騎士，

他並沒有任何希望，

但只想要真理，沒有人可與他相比。

——《悲劇的誕生》

我從沒體驗過如此一般的深秋，

也沒想過這個種子有可能在這片土地上發芽——

幻想移到無垠的空間裡，

我想到克勞德・洛蘭（法國巴洛克時期風景畫家），

每天卻都擁有這種無盡的完全性。

　——《瞧這個人》

我們把一切劣等的詩人視為正常。

所以，也將所有的詩提昇到極為抽象的境界。

實際上，美學的現象是很單純的，

只要持續觀賞一齣活生生的戲劇，

並且具有不斷被靈群包圍而活著的能力，

那他就是詩人。

而讓自己轉變，

並從其他人的身體與靈魂中，

探索出生命的不同意義，

感到一個個的故事不斷湧現，

那他便是劇作家。

　——《悲劇的誕生》

當地某一名門送我一幅杜勒的銅版畫，

這是多麼珍貴的禮物！

我對於繪畫所表現的內容，

一向很少有特殊的感受，

但對這幅〈騎士與死與惡魔〉，

卻深覺親近，這是一種很難解釋的感覺。

在《悲劇的誕生》一書中，

我將叔本華與畫中的騎士互做比較，

這也是我得到這幅畫的原因。

　　——《給馬爾維達的信》

達文西在所有文藝復興的藝術家中，

可能是唯一具有真正超基督教眼光的人。

他具有能夠看到人類身上各種善惡事物不斷地擴展，

卻被默默隱藏的超歐洲式的特徵。

　　——《快樂的知識》

煩惱最深的人，
總是對美有最深的欲求，
進而創造出美。
——《備忘錄》

偉大的風景畫家塔那，
他想以靈魂與精神來代替對感性的搭訕，
而創作出哲學與博愛性的敘事詩。
他在人前表現得如此崇高、尊貴，
後來卻發狂而死。
——《備忘錄》

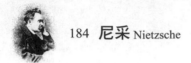

前天傍晚，我完全沉浸在克勞德‧洛蘭式的恍惚中，
不久，一陣淚水將我淹沒，久久無法自拔。
想不到會有這種體驗。
想不到大地會呈現出如夢一般的景象，

我一直以為只有優秀的畫家，
才能創造出令人痴醉的風景。
現在在我靈魂深處發現的是，
猶如英雄式的蒼涼的牧歌，
泛著一種古代的恬靜與靜肅，
而卻又如此清晰的映入眼簾。

這種情景與感受是我過去所不能理解的！
——《給加斯德的信》

我在華格納身邊學了許多事物，
這是我對叔本華哲學的演練。
──《給羅德的信》

令叔本華愉快的──華格納愉快，
亦即，倫理性的空氣、
浮士德似的香氣、十字架、死、墓⋯⋯
也同樣令我愉快。
──《給羅德的信》

有一種稱為「例外的狀態」限制了藝術家。
這種狀態和病態的現象有很深的淵源，
而且常常共存。
這就是藝術家為什麼是一副「病態」的原因。
──《權力意志》

有沒有人發覺，
音樂能使精神自由？
能賦與思想翅膀？
而人愈成為音樂家，
就愈能成為哲學家，
這，究竟有沒有人發覺？
——《華格納事件》

當我想到下一個世代，
僅有數百人具有像我這種程度的音樂素養，
我便寧願出現一全新的文化！
那些對音樂毫無感受的人，
有時令我覺得噁心和嫌惡。
欣賞過曼海姆的音樂會後，
我變得無法接受白天的現實，
覺得四周充溢強烈的惡寒。
現實對我而言，已非現實，而是飄浮的幽靈。
——《給羅德的信》

我們這些自負使藝術復活的使徒，

必須秉持嚴肅的神聖意志！

我們為人們對藝術的饒舌與騷動而覺得汗顏。

這些現象使我們有沈默五年的義務，

就像畢達哥拉斯的沈默。

有人不需要清淨的聖水嗎？

有人不聽「沈默與清靜」的命令之聲嗎？

唯有傾聽「沈默與清淨」我們才能得到偉大的展望……

也唯有在此展望中，

世界才能產生像華格納一樣的偉人。

——《華格納在拜洛伊特》

那位專制的理論家（指蘇格拉底），

有時對藝術會產生某種缺陷、空洞，

甚至接近責難的感情，

也許也摻雜一些怠慢義務之感。

根據他在獄中對友人所說的事，

亦即，他常常做相同的夢，

夢中經常說同樣的一句話，

「蘇格拉底啊！去探索音樂吧！」

但直到他最後的那些日子裡，

他仍不斷的去思考自己的哲學，

認為它是最高的藝術而心安。

他從不相信是某位神靈讓他想起「卑俗的音樂」。

儘管如此，他仍利用在獄中的一些時間，

試著去接觸他一向鄙夷的音樂。

他作了一首獻給阿波羅的序曲……

蘇格拉底夢中所說的話，

呈現出關於理論天生有所界限的危險性的唯一徵兆！

他可能得自問：

被理論家所放逐的智慧之國究竟存不存在呢？

　　——《悲劇的誕生》

・克拉姆斯柯──無名女郎

經常有人以為藉音樂來讓世界陶醉，
如此，文化便會誕生。
但是至今，在陶醉之後，
往往產生了與文化迥然不同的事物。
──《遺稿》

我首次聽到——
華格納的〈紐倫堡的名歌手〉的前奏曲，
這是壯麗而莊重的晚期藝術，
將兩世紀以來的音樂表現得栩栩如生。
像這種至高的榮譽，的確是德國人自傲之處！
活力和生氣，是季節與風土在此的融合！
有時它又像洋溢著古風，
但又關係疏遠、雅緻而未成熟。
它也是變化多端的，任性而誇張，
傾向傳統，卻蘊著俏皮、淘氣——但不常見；
它多半呈現出粗野與庸俗，
雖有怒氣與活力，
但猶如晚熟的果實，
泛著鬆懈的淡墨色表皮。
這種感覺廣泛在流動，
而突然間又產生了難以說明的一瞬間的猶豫，
如同因果關係間出現的裂縫，
讓我們似乎被夢魘壓迫一般。
但很快的，原來的、最複雜的快感之流、
新舊的幸福之流又逐漸擴大，
彷彿訴說著藝術家難以言喻的幸福感。

這股幸福感是藝術家在此適用的手段，

他好像將剛獲得卻還未經試驗的藝術理念傳達給我們，

而這種方式也令他自己詫異，

但卻是高興的自覺。

總之，它沒有任何的美感，

沒有明朗無雲的明亮的天空，

也沒有優雅的舞蹈、理論的意志，

而只有某種鈍重，

同時又強調著藝術家想表現的，

「那是包涵在我的意圖中」的感覺。

正因它表現出這種主觀的意識，

讓人們覺得沈悶又任性、野蠻又莊重、學識豐富又尊大，

最善也是最惡，而這也是德國的格調，

多樣而無形式，內在的靈魂強力而充溢，

但這靈魂穿著頹廢、洗練的衣服，

或許這正是它的快感之源。

這種種跡象顯示，它是年輕，也是衰老的；

雖過熟，卻有極豐富未來的德國靈魂的真正徵兆。

這種音樂最能表現出我正在想著關於德國人的一切。

亦即，德國人有前天和後天──

但他們還沒有今天。

　　──《善惡的彼岸》

一種基於絕對信賴與愛的至福，

是否也曾降臨在猜疑心重、

邪惡又易怒者以外的人身上呢？

亦即，這些人在至福中毫無道理的享受自己的靈魂，

但他們卻相信以往所不相信的事物。

這就像是散發著金黃色的光輝，

以及超越所有語言與形象的謎及奇蹟一般。

絕對性的信賴不僅令人沈默，

而且在至福的沈默中會產生某種煩惱與沈重感。

因此，這些人的靈魂應該比其他更善良的靈魂，

對於音樂更心存感激。

——《曙光》

幾乎所有的音樂，

都設法讓我們從其中去聽取自己過去的語言，

如此，才能顯出魅力。

也正因如此，

音樂愈古老，外行人愈喜歡，

相反地，剛剛產生的音樂，

他們則覺得價值不高，

因為它絲毫不會喚醒人們的感傷。

　　——《人性的、太人性的》

傾聽華格納的音樂，令我直覺的想歡呼，

哦，不，是驚嘆中的自我發現。

　　——《給羅德的信》

以音樂本身而言，
並不能構成我們極重要的精神食糧，
而且也無法將它當成感情的直接語言。
只是，音樂自古以來與文藝結合，
在運動的規律中及聲音的強弱裡便含有許多象徵性。
因此，我們現在才會妄想音樂與精神在直接對話，
它從精神中產生。

以音樂本身而言，
不是很深奧、也不很重要……
是知性豐富了音樂，使它顯得重要。

——《人性的、太人性的》

就像老年人為了回想青年時代而去從事紀念活動一般，

人類不久就會對藝術產生相同的感受。

現在，死亡的魔力似乎緊跟著藝術身後，

如此深沈而有把握，以往則不然。

想想那些在南義大利的希臘人的城市，

那些城市一年只有一天，

舉行希臘節目慶典，

人們為本國那些在外國的野蠻得勢之下，

已逐漸萎縮的風俗習慣，悲嘆哀傷。

在這群將要死滅的希臘人的生活中，

恐怕再沒有任何事物能像慶典般，

完全的屬於他們，

他們以前所未有的歡愉，

吸吮著金黃色的瓊漿玉液。

——《人性的、太人性的》

只意指威尼斯一處。

當我試圖尋找表達音樂的字眼時，

經常只能找到「威尼斯」。

我在眼淚與音樂之間，

不知如何區別——

我若沒有恐怖的戰慄，

就無法想像幸福的南國。

——《瞧這個人》

是否因為藝術總與虔誠度相聯結？

——《備忘錄》

從孩提起，我便是音樂的愛好者，

也是優秀音樂家的友人，

因此……我幾乎沒有與人們打交道的理由。

因為好的音樂家都是隱居者，

處在「時代之外」。

──《遺稿》

明星也有靈魂，

但這靈魂並沒有良心，

他所信仰的是，

讓人們對他有強烈的信仰，

而這靈魂能助他達成信仰。

──《查拉圖斯特拉如是說》

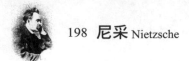

歌德對音樂的小心謹慎態度，
可以彌補他缺乏另一種藝術性的缺憾。
——《曙光》

我說及阿爾卑斯地方時，
昨夜在里亞特橋畔，
再度聽見令我感動涕零的音樂。
那是一種被認為還沒有柔板音樂存在的、
令人難以相信的充滿古風的柔板音樂。
——《給加斯德的信》

我認為現在音樂的旋律愈來愈窘困。

但這旋律畢竟是最醇藝術中的藝術市有著理論的法則，

儘管我們的無政府主義者認為此法則是奴隸制。

而這些傢伙的手永遠也搆不到甜美而成熟的果實。

我要向所有作曲家推薦禁欲中最好的事物，

亦即，著手創作純粹的旋律，

將它視為暫時沒有和聲，

例如，搜集貝多芬和蕭邦的音樂旋律。

　　——《給加斯德的信》

民主時代將明星推上高位，

不管在雅典或現代。

直到現在，華格納在這點上凌駕一切，

喚起了高得可怕的明星的概念。

音樂、文藝、宗教、文化、書物、家族、祖國、交際……

這一切都是演技，亦即，都是舞台上的動律。

　　——《遺稿》

我在青年時期遭遇不幸，

有個極為可恨的人物擋住我的去路。

我把他當作偉大的明星——

那種對於任何事物（包括音樂）都沒有真正關係的人。

初識時，我便覺得噁心欲病，

結果相信所有名人都是明星，

如果他們不是，便不會如此有名。

我在被稱為「藝術家」的人們身上，

看到了一切屬於明星的特質，

那是股強大的力量。

——《遺稿》

就算他是音樂家，也只是一般的程度。

華格納顯然被他體內的暴君因子，

亦即他的明星天才所強制，

所以才變成音樂家、詩人。

一般人除非能看穿華格納支配性的本能，

否則將永遠不了解他。

他要的是效果，效果以外的事物均可摒棄。

就這點來看，他有劇場人所擁有的果敢，

在劇的企劃上，他是比誰都優秀的明星，

在音樂中，他有明星升格的意義。

過去音樂家的誠實度，

並不須像他這般，

要讓人作如此危險的考驗。

　　──《華格納事件》

華格納值得驚嘆和摯愛，

只在他能提出微小事物以及細部的完成。

——就是這點，所以才說他是第一級的領導者。

此外，他也是把無限意義的甜美推進最小的空間、

最偉大的音樂上的小畫像的作者。

如果相信我的話，

就要把對華格納的最高概念，

從現在被世界所喜歡的事物中抽出。

在劇場外，

華格納的音樂中受歡迎的一切是不可靠的趣味，

會死去、會墮落。

但是，會有另一個儲存稍為貴重物品的華格納存在。

那就是在他充滿了以前所沒有的眼神、

優美及安慰的話時，

他成了現代最偉大的音樂上的憂鬱病者與憂愁、

沈悶而幸福的音響的領導者。

華格納最祕密語言的辭典，

有五到十五小節的樂句，

是任何人都不知道的音樂。

他也有頹廢的美德與同情。

——《華格納事件》

我的憂愁——
現在完全性的隱藏之處和深淵中安詳，
所以我需要音樂。
　　——《快樂的知識》

美將它的魔力向德國人發散，
使德國藝術家不斷地往高處爬，
造成熱情的放縱。
此事說明了脫離醜惡和幼稚，
至少要遠眺前方或是朝向更好、更輕快、
更南方、更向陽的美好世界，
是一種真實的深深的欲求。
　　——《快樂的知識》

· 高更——塔希堤婦女

現在，音樂令我產生前所未有的感動，

使我將自己解放，

從昏睡中覺醒，

我好像從遠處俯瞰、感覺自己。

此刻，音樂使我堅強，

在聽過一晚的音樂（聽了四次〈卡門〉）之後，

清晨醒來，全身充溢果敢的洞察與構想，

感受十分奇妙，

就像經過比平常更自然的元素的浴禮。

沒有音樂生活，

無疑是一種謬誤、苦役、

一場盲目的追逐。

——《給加斯德的信》

莫札特的靈感並非來自傾聽音樂，

而是在生的、動的南國的觀照中產生的。

他不在義大利時，卻經常夢見義大利。

——《人性的、太人性的》

我們的音樂曾追隨基督教的神學家，

把他們的理想翻譯為音樂。

但為何我們的音樂仍缺乏對應的理想的思索者，

那種更快樂而普遍的音響？

在思索者靈魂廣闊的天空中，

才能很舒暢、很無拘束的……

而我們的音樂從來就很偉大、優美，

所以在它周圍，任何事情都有可能發生！

因此音樂更要去顯示其崇高、深而溫暖的光，

以及最高的首尾一貫的歡愉，

這三種感受是可能同時發生的！

——《曙光》

如果像我喜愛南國一般，

在精神上能很愉快的學習、

相信自主存在的那片映照在頭上的無窮盡的陽光，

如果真有人也像我如此愛南國，

那這個人多少會學著對德國的音樂提高警戒……

像這種非靠天生，

而是靠信仰的南方人，

如果對音樂的未來懷有夢想，

那麼他們也會對北方來的音樂的救濟滿懷夢想，

而讓更深刻、更強力，

也可能是更邪惡、更充滿祕密的音樂前奏曲，

面對歡樂的藍藍大海和地中海上明亮的天空。

這和德國的音樂迥然不同，

不會消失、不會褪色，

也不會變成蒼白，

在沙漠茶褐色的夕日前，更不會失去力量。

它不但超越德國音樂，

也超越歐洲音樂的前奏曲，

這曲子你一定會聽。

　　——《善惡的彼岸》

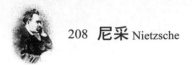
多美的秋日！我正從某音樂會中返回，
那真是我一生中感受最強烈的場合。
曲子全部以管弦樂演奏，
進行到第四小節時，我掉下眼淚，
那是一種來自天上很深的靈感與妙想。
——《給加斯德的信》

語言和音樂的現存是很好的事，
它們是離人之間的彩虹和橋樑，可不是嗎？
所有的靈魂，都有不同的世界。

在最相似的人物之間，
假象才會偽裝得最美，

因為最狹小的山谷是最難架構的。
但，這些事在我們聆聽音樂時便會忘卻。
我們會忘卻，也是很好的事吧！
音樂謊言的一切是多麼美好啊！
——《查拉圖斯特拉如是說》

如果你不想哭，
不想為緋色的憂愁而大哭，
那你就唱歌吧！

哦，我的靈魂啊！

不得不唱歌，不得不唱激動的歌，

所有海面顯得很平靜，

一直到傾聽你的憧憬與嚮往為止。

哦，我的靈魂啊！

現在我把最後的一切都給了你。

我的雙手為你而變得空空。

我命令你唱歌，看吧！

這正是我最後所有的東西。

——《查拉圖斯特拉如是說》

宗教消退之處，藝術就抬頭。

它吸收了宗教所生的大量情感和情緒，

置於自己心頭，

使自己變得更深邃，更有靈氣，

從而能夠傳達昇華和感悟，

否則它是不能為此的。

宗教情感的滔滔江河一再決堤，
要征服新的地域。

但生長著的啟蒙動搖了宗教信條，

引起了根本的懷疑。

於是這種情感被啟蒙逐出宗教領域，

投身於藝術之中；

在個別場合也進入政治生活中，

甚至直接進入科學中。

無論何處，

只要在人類的奮鬥中覺察一種高級的陰鬱色彩，

便可推知，

這裡滯留著靈魂的不安、焚香的煙霧和教堂的陰影。

——《人性的、太人性的》

在藝術家身上，

常有一種猜忌或驕矜，

一旦遇到異己的因素，

就立刻鋒芒畢露，

不由自主地從學習狀態進入防禦狀態。

拉斐爾和歌德一樣，

沒有這種猜忌或驕矜，

所以他們是偉大的學習者，

而不僅僅是祖傳礦藏的剝削者。

拉斐爾是作為一個學習者逝去的，

當時他正在把他偉大的對手，

自稱「自然」的東西占為己有。

他每天從中搬走一些，這最高貴的竊賊；

但是在他把整個米開朗基羅轉移到自己身上之前，

他就死了。

他的最後一批作品，

作為一項新的學習計劃的開端，

不夠完美，卻仍然相當出色，

正是因為這偉大的學習者，

在他最艱難的作業中被死神打擾，

把他所憧憬的本可達到的最終目標一起帶走了。

——《曙光》

藝術家們喜歡讓人們相信頓悟，
即所謂「靈感」；
彷彿藝術品和詩的觀念，
一種哲學的基本思想，
都是天上照下的一束仁慈之光。
——《人性的、太人性的》

如果藝術強烈地吸引住了一個人，
就會引他去反顧藝術最繁榮的時代，
藝術的教育作用是倒退性的。
藝術家愈來愈重視突然的亢奮，
相信鬼神，神化自然，厭惡科學，
情緒變化如同古人，
渴望顛覆一切不利於藝術的環境，
而且在這一點上如同孩子那樣偏激不公。
藝術家本來就已經是一種停滯的生靈，
因為他停留在少年及兒童時代的遊戲之中；
現在他又受著倒退性的教育而漸漸回到另一個時代。
——《人性的、太人性的》

正如生命的枯竭一樣，

生氣和精力的充溢能夠帶來局部的壓抑、

感官的幻覺、對暗示的敏感等表徵，

刺激所據的條件不同，效果卻相同……

不同的主要是最後效果，

一切病態天性由於神經的離心傾向而造成的極度鬆弛，

與藝術家的狀態毫無共通之處，

後者不必為他的美好時光還債。

他富裕得足以能夠揮霍而不至於窮竭。

就像如今「天才」，

可以被看作神經官能症的一種形式一樣，

藝術的暗示力量也許可以被同樣看待，

而我們的戲子們事實上僅僅與歇斯底里女人是一路貨色！

不過，這是反對「今天」，

而不是反對「藝術家」。

——《權力意志》

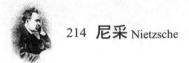

藝術家倘若有些作為，

都一定稟性強健（肉體也是），

精力過剩，

像野獸一般，充滿情欲。

假如沒有某種過於熾烈的性欲，

就無法設想會有拉斐……

創作音樂也還是製造孩子的一種方式；

貞潔不過是藝術家的經濟學，

無論如何，

藝術家的創作能力總是隨著生殖力的終止而終止……

藝術家不應當按照本來的面目看事物，

而應當看得更豐滿，

更單純，更強健。

為此在他們自己的生命中就必須有一種朝氣和春意，

有一種常駐的醉意。

——《權力意志》

有人對我說，
我們的藝術訴諸現代的貪婪、
無饜、任性、怨恨、備受折磨的人們，
在他們荒蕪的景象之旁，
向他們顯示一種極樂、高超、出世的景象：
從而使他們得以暫時忘憂，舒一口氣，
也許可以從這忘憂中恢復避世歸真的動力。

可憐的藝術家呵，
有這樣一種公眾——
懷著這樣一種半牧師、
半精神病醫生的用心！

——《曙光》

・約翰內斯・維米爾──戴珍珠耳環的少女

第一級的領導者們，

不管在任何事上，

都會留下完美的句點，

以這種作法來加強人們對他們地位的認知。

這是一首旋律或一種思想的結尾，

也可說是悲劇或國家行動的結尾。

第二級最上層的領導者們，

越接近結尾則越不安，

他們無法像被海岬包圍的熱那亞灣一般，

將曲子唱到最後⋯⋯

然後很自豪、很安詳、很均衡的投入海中。

──《快樂的知識》

最美的身體也不過是一層面紗。

慢慢地，在害羞中含著更美的事物。

──《詩集》

杜林每天都搬揮灑著無窮盡，
豐富而耀眼的陽光。
一排排黃色壯麗似初生般的樹木，
淡藍的晴空與大河、清淨的空氣。
我做夢也沒想到能置身在這猶如──
克勞德・洛蘭畫中一般的景色。
　　──《給加斯德的信》

我覺得自己對音樂的認識能夠順利的被確定！
這是與曼海姆及華格納一起獲得的體驗。
即因如此，我在最近藝術上的回想與經驗大不同於以往，
忽然有種預感即將實現的心情。
我能確定，這是音樂的妙用。
而當我敘述含有戴奧尼索斯性質的事物時，
我也用「音樂」這個字眼來表示，
因為它真的將我的心意確切的傳達出來！
　　──《給羅德的信》

藝術有類似造形藝術的音樂與文學、美的靈魂的藝術，
以及醜惡靈魂的藝術。

藝術最大的作用力，

能將靈魂撕裂，

讓石頭移動，

把動物變得有人性，

這也是藝術最令人讚美之處。

——《人性的、太人性的》

能否去想一想，

為何那種看看前方的藝術不存在？

我們的音樂家們，對於他們本身的歷史——

靈魂醜惡化的歷史放在音樂中一事，渾然不覺。

——《曙光》

我們不久將會把藝術家視為輝煌的殘渣，

而它所煥發出的力與美的古代的幸福，

便如同異邦人一般，令人訝異；

我們僅能把很難給予同伴的敬意奉獻給它。

而在我們身上所能發現的最美好事物，

大概是已極難尋獲的，

從古代情感繼承的一切。

——《人性的、太人性的》

音樂是所有文化中的晚生者。

音樂是生長在某一特定文化土壤中的藝術的最後之物，

而出現在它所屬的文化之秋的凋落期。

不僅如此，

有時音樂就像某個已經沈落的時代的語言一般，

總在詭異的新世界中被想起，趕不上時間的腳步。

——《人性的、太人性的》

幾乎所有的狀態和生活的方式都有至福的瞬間。

優秀的藝術家都能巧妙的將這瞬間表現出來。

所以即使在極為吵鬧、不潔不淨的岸邊生活，

也有這種瞬間。

蕭邦在船歌中將這至福的時刻音響化，

只要用心聆聽，

連諸神都渴望靜臥在漫長夏夜的小船中。

　　──《人性的、太人性的》

歌德曾經提出一個問題，他說：

在所有浪漫者的頭上飄的是危險，

亦即，浪漫者的宿業是什麼？

他認為這些人將因反芻倫理上及宗教上的蠢話而窒息。

　　──《華格納事件》

貝多芬的音樂經常被視為至今已失去的「音響的天真」，

聆聽這音樂時，

總喚起人們深深的省思。

那是音樂中的音樂！

在聽了巷中乞丐和孩童的歌聲，

以及流浪的義大利人所彈的單調節奏，

和村中酒店或狂歡節夜晚的舞蹈之後，

他發現了自己的「旋律」。

他隨處收集一個音或短音或相連的旋律，

猶如蜜蜂採蜜一般。這些樂音對他而言，

就像柏拉圖所假想的理念，

是「更美好的世界」中被淨化的回憶。

——《人性的、太人性的》

今日能夠被做好與做得出色的只有微細的事。

這點幾乎已被公認……

所以我們盡最大的努力而能獲得體驗是屬於例外的。

頹廢於極點，它已成為宿命，

在這點上，任何神都拯救不了音樂。

——《善惡的彼岸》

各位不知道華格納是何許人——他是很偉大的明星！

但他也是個暴君，他的過去推翻所有的趣味與抵抗。

姑且不論華格納是不是真正的音樂家，

至少他非常與眾不同，

他是個難得的丑角、最偉大的騙子，

是德國人過去曾有過的最令人驚嘆的劇場天才。

他不屬於音樂史的範圍，

別將他與音樂史上偉大而純潔的人們相提並論。

華格納與貝多芬——這是神聖的冒瀆。

　　——《華格納事件》

我為了支撐自己，

便唱你的曲子、吹口哨……誠然，

一切好音樂都必須能以口哨來表現。

但是德國人從來不唱，

他們所以有對和聲的熱情乃由鋼琴彈奏而來。

　　——《給加斯德的信》

然而，在我們看來，

民歌首先是音樂的世界鏡子，

是原始的旋律，

這旋律現在為自己找到了對應的夢境，

將它表現為詩歌。

因此，旋律是第一和普遍的東西，

從而能在多種歌詞中承受多種客觀化。

——《悲劇的誕生》

讓我聽現在的歌吧！

世界充滿了光，

天空處處是喜悅。

——《給加斯德的信》

PART 10

關於德國與德國人

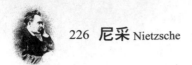

對於外國人而言，

德國人靈魂深處的矛盾天性就像一個謎！

（黑格爾將它體系化，最後由華格納將它作成音樂。）

他們被這個謎所深深吸引，

在它面前停了下來。

想要清楚的回想「德國靈魂」的人，

只要看看有關德國的趣味、

藝術與風俗便可達成願望。

德國人對於所謂的「趣味」，

如同農民般，毫不關心！

在那其中，高貴與卑俗之物並列！

這個靈魂的內容是多紊亂而豐富啊！

——《善惡的彼岸》

悲劇性人物產生厭世觀的意志，

象徵一種知性（趣味、感情、良心）的強度，

同時也是對他自己嚴格程度的要求。

凡心中有此意志者，

皆不畏懼一切生存的障礙，

反而會主動去追求。

——《人性的、太人性的》

在德國人身邊，
不時聽到「何謂德國式？」的問題，
這就是德國人的特徵。
——《善惡的彼岸》

任何德國的人性的形式劇仍未存在。
它們只是處在極為粗暴、野蠻之中，
而用令人驚嘆的巧妙隱身術存在著。
——《遺稿》

德國人極罕有意見不當的時候，
這點可顯示他們的特徵……
在德國的靈魂中，
有許多小巷道與捷徑，
有洞穴、隱蔽之處，也有牢獄。
這個靈魂非常無秩序，
祕密很多，但卻充滿魅力。
德國人對於通往混沌的捷徑極有心得。
——《善惡的彼岸》

如果人類想與基督教之間作一番徹底的解決，

那大概是德國人的緣故吧！

新教是德國人良心的重現。

——《反基督》

「只有最偉大的雕刻家們才值得那樣做」，

只有他們被允許使用與製作這種最貴重的材料，

雖然他們可能遇到極大的抵抗。

——《教育家叔本華》

最內部的德國式本質和希臘的守護神之間，

有著真實密切的聯繫，

卻又顯得神祕而難捉摸。

但真正德國精神最高貴的欲求，

在野蠻的洪流中仍能支持恐怖的希臘守護神的手。

這種德國式精神給予希臘人光明的憧憬，

但缺乏警戒的心理準備，

所以目前的希臘還不能成為最完美的朝聖地，

且體育教育的古典目的仍無依靠的飄浮在空中。

——《教育設施的將來》

德國式的靈魂比任何事物都複雜，根源繁多。

以其系統而言，是一種組合的形式。

如果有德國人想厚顏的主張「我心中有兩個靈魂」時，

那他將會很嚴重的冒瀆真理，

亦即隔著太多靈魂而無法接近真理。

德國人是各種族毫發道理的交配與交流而形成的民族，

甚至於含有以前亞利安人優勢的要素。

這個「中間民族」的組成要素比其他各民族

更令人難以捉摸、更誇張，

且充滿矛盾又難以預測，

有時也予人冷不防的可怕打擊。

——德國人通常都脫離定義，這點已令法國人感到絕望。

——《善惡的彼岸》

德國人認為唯有在苛酷與殘忍中，才能產生力量。

在那種情境中，必須主動的在感嘆中服從。

他們不相信柔和與平靜中有力量，

所以，他們認為貝多芬比歌德更具有大力量，

其實這是錯誤的觀點。

——《備忘錄》

・拉斐爾——花園中的聖母

偉大的德國文獻家和歷史批判家們，

難以壓抑而堅忍不拔的性格，

為德國那種在音樂與哲學中養成的浪漫精神，

注入了新概念，

例如，眼光的不屈、或分析方法的勇敢與嚴酷。

他們從事冒險性的旅行，

在荒謬、危險的天空下，

有著非常堅強的意志，

對於猶豫不決的心志，

有體諒及溫情的默契。

在這種精神之前，

他們能理直氣壯的畫上十字，

儒勒・米什萊（法國史學之父）雖感戰慄，

但他不得不稱此為「諷刺的梅菲斯特惡魔式精神」。

——《善惡的彼岸》

德國人是不需要歌德，

因為他們不懂得如何利用他。

關於這點，

我國最優秀的政治家與藝術家必須加以反省，

並且他們也必須將歌德視為教育者的典範。

——《人性的、太人性的》

我肯定德國人而覺得欣喜之處，

乃在於它的梅菲斯特式天性。

我們為了讓自己在「精神上的浮士德」更偉大，

而被迫卑視梅菲斯特的歌德，

以得到更高的梅菲斯特的概念。

但真正的德國式的梅菲斯特是非常危險；

大膽、邪惡、狡猾且直率的。

想想看，腓特烈大帝或更偉大的腓特烈的精神面。

由此可知，真正的德式梅菲斯特是超過阿爾卑斯的，

而在那境界，一切都屬於自己。

　　——《遺稿》

德國人其實可以成就偉業，

但他們卻又不去實行，

若說以前他們有所成就，

則僅是在窮迫中仍能咬緊牙關，

且在最緊張、憂慮狀態中所做的事。

　　——《曙光》

我們德國人（和所有拉丁人種截然不同），

對於深層而抽象的發展比對於「存在的東西」，

更能給予較深的意義與價值。

因此，即使黑格爾不曾存在，

我們也會相信黑格爾派的──

絕不相信「存在」這個概念的正當性。

　　──《快樂的知識》

德國精神藉由最高貴的欲求與希臘人結合，

即使在艱困的以往，

仍被證實具有堅忍不拔的勇氣，

目標純粹而崇高；

它將近代的人類從詛咒中解放，

達成最完美的境界，

這一切能力的來源即是藝術，

儘管它被宣告要遠離自己繼承的遺產而活下去。

但當這精神的長嘆聲響遍於現代沙漠時，

卻足以令裝載許多物品，

以及有尼采裝飾的教養商隊害怕得發抖。

　　──《教育設施的將來》

就像所有的事物都愛酷似自己的比喻一樣，
德國人愛雲，
以及一切不明瞭而正在生成的、
朦朧的、濕濕的、被覆蓋的東西。
他們「深深」感覺到各種事物不確實的，
正在形成中以及移動、生成的狀態。
德國人本身的特質是形成的、是「發展」的，
因此，「發展」是各國未來的特性，
在其中，我們找到德國的發現與企圖。
——《善惡的彼岸》

沒有形式——究竟是德國人的本質？
或是他們還未成熟的微笑？
總之，德國式還沒有非常清楚的被造成……
亦即，德國式的本質仍在形成之中。
雖然所有的誕生都是痛苦、被逼迫的，
但為了使自己的價值獲肯定，
一切生成的苦難都必須忍受。
——《備忘錄》

歌德是一種例外，

他用巧妙的方法來鞏固他的身體、來化粧⋯⋯

而生活在德國人之間。

歌德懷疑，

是否應該使用法語來描寫孤立的虔誠主義與希臘精神。

——《遺稿》

「德國，超越一切的德國」——
這可能是過去所有標語中最愚劣的。

我問——德國如果無法確定它想要的與想代表的，

比過去任何權利所代表的更有價值的事物，

那德國為何存在？

它難道象徵另一種新思想嗎？

還是只是單一的新權力的結合？

如果連自己都不知所想要的是什麼，

那事態將更悲觀。

因此，支配且幫助最高思想的勝利，

成為我對德國唯一會關心的事。

　　——《遺稿》

現在德國所流行的教育將會造成德國本身的停滯。
假設有人相信，
只要有一百個接受一種新精神教育而具有生產性的人，
便能使文藝復興的盛況出現，
那這個人便會充滿自信，
但也不再進步。
──《歷史的利弊》

我們解釋世界的一切形式越具希臘精神，
我們也就會更傾向希臘化，
最初是概念與價值評價受影響，
希望不久以後，我們的身軀也在改變之列！
為了德國式的本質，
我將不放棄努力的希望！
──《權力意志》

歌德在各方面都超越德國人之上，
現在仍舊如此。他絕不屬德國人，
就像貝多芬超越德國人而成為音樂家、
叔本華超越德國人而研究哲學。
──《人性的、太人性的》

數世紀以後，

一切德國哲學本源的價值將更復古。

而德國人想恢復過去與最優秀人類的典型。

希臘人之間似乎已被打斷的聯繫，

這種高要求使他們對於「獨創性」的要求，

顯得卑小而滑稽。

──《權力意志》

歌德和自己國家的人民，

現存、新生以及老成都沒有任何關係！

他只是為了很少數的人而活著，

事實上就是活著。

對大多數人而言，

他只是偶爾向德國境內的彼方所吹奏的虛榮的軍樂而已。

歌德不只是一個善良而偉大的人，他也是一種文化──

歌德在德國人的歷史是什麼結果都沒產生的偶發事件。

例如，在最近七十年來的德國政治中，

幾乎沒有人能夠指責他！

──《人性的、太人性的》

我似乎屬於將瀕臨絕種的德國人。
我曾說過「最好的德國化，就是把自己非德國化」，
今天的人們無論如何也不想承認我的論點，
如果是歌德，大概會同意我吧！
——《遺稿》

歌德對於周遭的事物往往沒有說出很明確的觀點，
所以，也不明瞭他對德國人究竟持有何種看法。
可能有很充足的理由，
使他一生中都擅於保持微妙的沈默。
歌德好像常用讓外國人看來會令人焦急的嚴酷話語，
指責德國人自認榮譽的事。
——《善惡的彼岸》

由歌德身上可以得知——
德國人不管指向任何方向，
都是一種超越自己的指示，
並走到自己以外的地方去。
——《人性的、太人性的》

國家圖書館出版品預行編目資料

尼采 哲學經典名言／林郁 主編
　　二版，新北市，新視野 New Vision，2024.05
　　面；　　公分 --
　　ISBN 978-626-98223-2-4（平裝）
1.CST：尼采（Nietzsche, Friedrich Wilhelm, 1844-1900）
2.CST：學術思想 3.CST：哲學

147.66　　　　　　　　　　　　　　　113002462

尼采 哲學經典名言

主　　編　林郁
出　　版　新視野 New Vision
製　　作　新潮社文化事業有限公司
　　　　　電話 02-8666-5711
　　　　　傳真 02-8666-5833
　　　　　E-mail：service@xcsbook.com.tw

印前作業　東豪印刷事業有限公司
印刷作業　福霖印刷有限公司

總 經 銷　聯合發行股份有限公司
　　　　　新北市新店區寶橋路 235 巷 6 弄 6 號 2F
　　　　　電話 02-2917-8022
　　　　　傳真 02-2915-6275

二版一刷　2024 年 05 月